U0922916

"空空道人"十年股市征战秘籍首度披露

厚黑操盘学

一个职业股民的制胜之道

空空道人◎著

山西出版集团
山西人民出版社

图书在版编目(CIP)数据

厚黑操盘学:一个职业股民的制胜之道/空空道人著.
——太原:山西人民出版社,2010.10

ISBN:978-7-203-06917-1

Ⅰ.①厚… Ⅱ.①空… Ⅲ.①股票—证券交易—基本知识 Ⅳ.①F830.91

中国版本图书馆CIP数据核字(2010)第166572号

厚黑操盘学:一个职业股民的制胜之道

著　　者:空空道人
责任编辑:武静
装帧设计:柏拉图工作室

出 版 者:山西出版集团·山西人民出版社
地　　址:太原市建设南路21号
邮　　编:030012
发行营销:0351-4922220　4955996　4956039
　　　　0351-4922127 (传真)　4956038 (邮购)
E-mail:sxskcb@163.com 发行部
　　　　sxskcb@126.com 总编室
网　　址:www.sxskcb.com

经 销 者:山西出版集团·山西人民出版社
承 印 者:三河市华新科达彩色印刷有限公司

开　　本:787mm×1092mm 1/16
印　　张:15
字　　数:250千字
版　　次:2010年10月第1版
印　　次:2010年10月第1次印刷
书　　号:978-7-203-06917-1
定　　价:38.00元

厚黑看股市 投机玩价值

大家在看金庸的武侠小说的时候，总有一个疑问，为啥一项武林秘笈要有套路和心法，往往武林人士为了得到武林秘笈而掀起江湖纷争，而金庸先生往往在书中给你一个心法很重要的感觉，也确实是很重要，如果不按正确的心法去修炼，往往就会练得走火入魔。而在股市里也一样，心法就是每个人对股市的理解和正确的理念,只掌握一点技术是远远不够用的，不能用良好的心态和良好的政策解读来服务于技术，那技术将不会用得恰到好处。

有了好的技术,还要有一个好的理念，纵观中国二十多年的历史，似乎没有多少人坚持长线的价值投资，笔者崇尚在中国股市短线操作，但并不否认价值投资的理念，只是目前为止中国A股市场没有长线的立足之地，也没有几家值得价值投资的高质量的公司和三公的严密监管，短线的理念是考虑了中国股市习惯性的暴跌暴涨的特点得出来的。短线绝对不是指你在时间上的今买明卖，而是顺势做好短线的一个波段。

在股市，在中国的股市，坚持毛主席说的：“打得赢就打，打不赢就跑”的战术是再好不过的了，适当让自己学会休息是生存在股市的唯一法宝。

热议

中国股市是新兴加转轨市场，投资股票更应该注意“中国特色”。进行短线投资，首先是要分析政策环境，其次再进行价量、技术图形分析。该书很好地将两者融合在一起，它是作者多年投资的反思成果。书里角度独特、务实，语言幽默、风趣，不仅“暴晒”了诸多热门股，还对当前的重大事件、热门板块进行了“厚黑”解析，为读者提供了一份投资理念、投资教育的大餐。

——西南证券研发中心副总经理 解学成

“A 股博弈，不得不厚黑的理由……”作者很强调“厚黑”地看待股市中发生的事情，包括深入理解中国传统文化和哲学，以及一些社会习惯。只有深刻理解了庄家，才有可能战胜他们。这就是中国股市特有的“人学”。

——战略与资本市场资深专家 郑磊

中国股市十多年风雨路，大浪淘沙，生存下来尤为重要。《厚黑操盘学》一书可以说是帮助中国股民在极具中国特色的中国股市中生存和发展的绝妙作品。它提出的解读政策角度之独特和实用，近年来在中国原创作品中甚为少见，对新股民和老手都极为有用。尤其是解读政策部分，不少沉淀了作者十几年经验的操作要点让人拍案叫绝。想必，今后凡提到政策解读方面，空空道人在该书中提出的几点解读原则将会成为很多人的“引用语句”。

——中国著名股票投资论坛 MACD

道兄的《厚黑操盘学》披露了自己十多年的投资看家秘籍，还有一些在深水中独有的“中国股市潜规则”，它给业界很大的启发。相信这本书将给众多投资朋友带来一个全新的角度去参悟股市背后的运行规律。

——上证名博 K线预测大盘

市场总是充满了不确定性，甚至那些高明的对手还有意制造信息的不对称。只有像空空道人这样掌握了独特法眼的游侠，才能脚踩风火轮，穿行在深邃的时间隧道里；方可手持探宝器，游刃于仄逼的机缘缝隙中！

——中央人民广播电台《经济之声》财经部主任顾小东

《厚黑操盘学》是一本很有个性的书，无论是书名，还是章节名，字里行间都充斥着空空道人对股市深刻的思考和总结，书如其人，书如其言，书如其文，有点“邪”，但“邪”得幽默风趣，“邪”得恰到好处。书中提出的“厚黑分析法”不仅仅适合道人自己，也适合所有的中国股民，毕竟我们是在具有中国特色的中国股市里做股民。中国人要事业成功，需要“厚黑”；中国股民要炒股获利，同样需要“厚黑”。

——新浪名博 六月冬眠

空空道人将其十年炒股精华所在熔于一炉，十年磨一剑，打造出的一本“A股生存获利潜规则和技法”，该书为空空老道处女作，首度曝光其在股市生存发展的独家秘笈！作为好友的我，只能用一句话概括该书：空空道人股市盈利的“家当”可都在里面了，是一本不容错过的好书！

——新浪名博 狼啸急行

推荐一

视觉和思想的碰撞

作者：博金

读道兄的大作，可以追溯到2007年初，但是和道兄相识已是近三年之后——全景网2009年度十佳博客博主颁奖会上。同为十佳博主，同样来自北方的道兄带着一身淳朴，带着一丝北京人的幽默，在颁奖会场上深深吸引了广大读者。以至于，道兄演讲一完毕，他立即就被热情的读者团团围住探讨投资真经。

从深圳回来，和道兄多有交流，发现彼此间对市场的认知都是处于一种理性对待的状态。这种理性思维，对于投资来说无疑是一条可以阔步前行的道路，也是中国投资者投资思想进步的一种体现。

有了好的投资思想，并不等于可以持续地赚钱。中国股市具有的独立特性，让众多投资者手足无措，这也是中国股市为何需要投资者具备综合能力和素质才可以赚钱的原因。所以在良好的投资思想指导下，技术分析能力把握的多少和高低就成为有效投资的关键。而今，道兄的《厚黑操盘学》一书即将出版，这给众多投资者带来了新的投资分析与操作角度的思考，这本书既是沉浸在市场中多年的老手可以参考的，更是初学者需要加以深刻学习的股票操作学读本。

道兄在本书中以实战为例，阐述从发现到操作的真实过程，这种方式能够给读者带来身临其境的感受，而在这种感受中学习到股票分析和操作的正确方法，实为读者的一大幸事。更为绝佳的是道兄书中充分阐释了利用政策变化来捕捉有效投资赚钱的机会，这是很多投资者没有考虑过的一种分析思路,也是本书在完善技术分析过程后给投资者的一个新视角。这种特点鲜明的视角是道兄投资精髓之一,也是道兄投资视角和思想的碰撞。股市投资有一个广为流传的说法,那就是参与投资的投资者,在一个年度或者一轮牛熊交替之后,十人中大致会出现二赚一平七亏的结局,而造成这种局面的原因,除了投资者不能有效掌握投资分析技术外,就是对政策的不敏感、不解读、不揣摩造成的。往远的说,1997 年的牛市处于疯狂之中,管理层十二道金牌、《人民日报》的多篇社论才将市场的狂热浇灭,随后就推出涨跌停板制度,给以往的投资模式带来巨大的冲击和风险。如果当时能对政策有较好的解读,则会,也是必然会回避开这个风险。而就近期来说,在经历了 2008 年的熊市和 2009 年小牛强势上涨之后, 在全球经济处于继续调整状态阶段,中国的经济正在悄然地变化, 这些变化带来的投资机会都可从政策的视角提前解读到。那么,此间发生过国有股上市,暂停国有股上市,调整印花税等等一系列的政策变化, 又从何角度去解读这些政策以回避或抓住其间的风险和机遇呢? 这些都是值得深入思考的。

道兄完成的大作《厚黑操盘学》,让我深有感触。他将多年投资经验奉献给读者的同时,也将多年的投资思想奉献给了读者,实为读者快乐之本源。作为投资者,可以在任何一个工作闲暇,任何一个角落之中,手捧这样一本踏实的股票操作学来体会投资市场的尔虞我诈,找到投资的安全模式,其意义是非凡的。

注:博金为全景网排名第一的博主

推荐二

非序之言

作者：李禾

朱建中，号空空道人，吾友。

吾一介布衣，唯崇名士。当今混沌社会，专家、学者、名人，如过江之鲫，层出不穷；而“书生”几近匿迹。令人感慨系之。

今朱建中所作《厚黑操盘学——一个职业股民的制胜之道》面世，嘱序之，不能辞。然吾非道中之人，不敢为也。谨据朱建中为人处世之“书生”性、气，草题一联，以志敬意。亦聊作非序之言。

非名山不留僧住

是真佛祇談家常

于 2010 年 7 月 8 日，时惊悸酷暑，已逾数日，不堪其苦。盼风雨至以体新境。

前言

厚黑看股市 投机玩价值

屈指数来，行走股市十余年了，俗话说“十年磨一剑”，不敢说我已经磨出剑了，更不敢说我的剑如何锋利，唯愿借这本书与朋友们切磋股海博弈的得失。它既不是《九阴真经》，也不是《葵花宝典》，只是我多年来慢慢悟出的“真心话”。

托马斯·弗里德曼在《世界是平的》一书中说：“技术、全球化和其他各种力量融汇在一起改变了我们的工作方式。”我想在股市里，也要将“解读政策、技术和心态三者完美结合起来操盘才会赢利”。

有的操盘手先学理论再实践，所谓学而优则炒。笔者则是实盘操作，真金白银，呛了几口水，跌了几次跤，摸着石头过河，最后归纳出安身立命的股市规律。在 1999 年的一天，笔者还不知道那个时候还有个什么“5.19”，但也正是这个后来如雷贯耳的称谓让笔者随着同学的一句“到股市开个户吧”，就稀里糊涂地进到了股市，从此在父母的担心中成为了股民。随后在同学的带领下到位于亚运村的一家南方证券的营业部，那时还不能像现在这么随便开户，好像是要有 7 万才能有资格开户，散户大厅人头攒动，笔者一看墙上的显示屏，都是红红绿绿的数字！笔者心想，数学系科班出身焉有拿捏不定的，可就因为这个小小的蔑视最终酿成了惨烈的几年套牢。

套牢之后便开始了中国股民特有的解套之路，与大多数股民一样，起初解套的方法不是靠自身股市认识的提高，而是天天期盼别人来解救，相信会有一招赚钱术，相信多如牛毛的证券分析类书上的天花乱坠的案例会给自己带来惊喜，但是这种期盼和学习最终带来的是越来越大的亏损，以至于后来总结出：书越看越输（回头笔者再来说现在对于这句话的理解）。这之后就不相信技术了，转而开始追逐基本面，可每次因为对政策解读不慎，造成的损失更大，后来自己总结出来两个凡是：凡是媒体上说要保护中小投资者的时候就是你出货规避的时候，凡是媒体大谈严格监管、怒揭老鼠仓的时候就是逐步建仓的时候等等。涉猎的东西多了，也便渐渐地熬成婆了。股市，是一个复杂的地方，是市场经济的一个组成部分，不能对它有一星半点的懈怠，需要像老中医那样望闻问切，需要我们敏锐又有经验的盘面反应。

从开始不以为然，认为股市的门槛低，到现在屈从于市场的规律，其间走过太多的弯路：不相信技术到相信技术，可看技术书后越看越输，转而相信基本面，但信息不对称让这个希望成了泡影，后转而相信政策，但太虚无缥缈和时效性让这也不能成功，后来痛定思痛，还要感谢一次大跌后的随意。

技术不到家，基本面充满了欺诈，政策面解读不清，到底怎样才能在股市生存？一天大跌后，回到家，百无聊赖中随手拿了一本鲁迅的杂文集，里面的“世上本无路，走的人多了也便有了路”的话犹如醍醐灌顶将我惊醒。对，走出来的路，这不就是股市的趋势吗？为什么要下破走熊？资金出逃得多了导致的，这和路多么相似……

2006年6月2日笔者在新浪、搜狐等门户网站相继开博，结识了许多的朋友，他们对博客中的划线分析很感兴趣。其实，划线看起来很简单，但那里包含了太多的内容，大到政策，小到特有的“数字迷信”不一而足。每一条线，都是趋势给出的，而非有了线才有趋势。身处股市，每时每刻都有机会和风险，但归纳起来，我觉得只有一句话：中国股市的特色太过人性化了，需要我们充满想象力。辩证地看待股市，寻找适合自己的分析方法和理念，这才是股市生存的硬道理，靠谁都没有用。

平的世界就在眼前。欣然接受并适应，便会获得更多的机会。想分享"非常财富"的盛宴，是需要总结一些防身立命的招数的，最终才能达到一种无招的境界（其实最后不是没有招，而是每一招都是综合的）。大家也可以研究一下厚黑学，研究庄家的不同操盘手法，"厚黑看股市，投机玩价值，阵地可以失去，利润必须留下"。笔者希望读这本书的朋友能够在今后的投资过程中少走一些弯路，多收获一些财富。

正如毛泽东说过的那样，读书，不但要善于读死的书本，而且还要善于读"活"的书本；不但要会读有字的书，而且要会读"无字之书"。

目录

第一章 股市分析，厚黑起来

第一章　股市分析，厚黑起来

找到适合自己的股市分析流派

股市百余年的发展中产生了许多的分析流派，不能说哪些流派好，哪些差劲，它们都结合了使用者方方面面的特性在里面。这正如一件时装，不是任何人穿着都好看的，帅不帅气、漂不漂亮要看穿衣之人的身材而定。在实践中，你需要找到一个分析方法：适合你的决策个性，适合你的买卖时间，适合你的信息获取方式，适合你对某领域知识的熟识程度……只有适合你的分析方法才是你的。只有这样，这个分析结果才能真正为你所用。归纳起来，市面上流行的股市分析方法大致有如下的几大流派：

1. 基本分析流派

他们解释股票价格的成因，主要是价格对价值偏离的调整。

2. 技术分析流派

他们解释股票价格的成因，主要是市场供求均衡状态偏离的调整。

3. 心理分析流派

他们解释股票价格的成因，主要是市场心理平衡状态偏离的调整。

4. 学术分析流派

他们解释股票价格的成因，主要是价格与所反映信息内容偏离的调整。

证券投资分析从哪入手

流派不同，出发点和思考的角度也会不同，但基本的分析手法是一致的。大致上，有下面三个手法：

1. 基本分析

基本分析又称基本面分析，是指证券分析师根据经济学、金融学、财务管理学及投资学等基本原理，对证券价值及价格的基本要素进行分析，以判断股票的价位、投资的价值。

该理论的基础是：任何一种投资对象都有一种“内在价值”的固定基准，而且这种内在价值可以通过对该种投资对象的现状和未来前景的分析而获得，市场价格和内在价格之间的差将最终被市场纠正。因此，在**市场价格高于(低于)内在价值的时候出现卖(买)的机会**。

2. 技术分析

技术分析又称趋势分析或行情分析，主要针对的是市场行为，是以历史走势为依托，利用已有的数据(包括价格数据、成交量数据、基本面数据等)，以K线图形为基础，来预测股票未来走势的一种方法。其理论基础是建立在著名的“**三个假设**”之上的：

(1) 市场的行为包含一切信息；

(2) 价格沿某种趋势在运行；

（3）历史会重复。

技术分析的重点应该是：成交量、价格、时间、空间、人。

技术分析大致包括：道氏理论、江恩理论、波浪理论、K线图、技术指标等。

3. 综合投资分析

为使分析结论更具可靠性，应根据上述两种方法，做出综合判断来。基于此，再结合我国股市目前鲜明的“资金推动市”的特征来看，应该在股票分析中坚持“**长看基本面、中看政策面、近看技术面**”的综合分析手法来寻求股市波动的内在规律。

对股市的分析有了大致的了解后，找到适合自己的方法，才算找到了真正的好的方法。这个过程很磨人。笔者在股市摸爬滚打多年，呛了几口水，跌了几次跤，特别是认认真真地用6年的时间，几乎每个交易日不落地盯盘，逐渐摸索出来一套自己的分析方法，姑且叫“厚黑分析法”吧！

厚黑分析法

在股市待久了，对于那些老鼠仓，大家是既恨又爱。有了老鼠仓的个股往往会给你一个措手不及的打击，因为它的出牌、走势往往不按常理，它的行为并不是光明正大的。但是，老鼠仓带来的“副作用”却是把原来死气沉沉的个股股性激活了，有了波澜才有得操作，不会死气沉沉的像一潭死水。起初，是声讨，但是没有用，老鼠仓就像“扫黄打非”一样，年年扫年年打，可就是不绝；后来也便认了，忍了。但是，人是高级动物，会总结和思考的，咱们姑且将这些资本市场上的违规和“无法正常解释的客观存在”看成是一个合理的存在吧！这就是股市中存在的监管的漏洞。我们既然改变不了这些“存在”，为什么不去找出利用和规避它们的方法和方式呢？找出他们是如何黑的，找出他们黑乎乎的脚印留下来的痕迹。于是，这便有了厚黑分析法。

这里举一个简单的例子，我们常在股市的人都知道，每当下跌到一定程度的时候，总会出现打击老鼠仓的新闻。奇怪！面对下跌，这个时候的散户充满了无助，他们盼望的是找出原因，盼望的是有救援的资金进场，盼望的是利好出来……可是这个时候出来的却不是这些，往往率先盼来的是“打击老鼠仓”。散户会觉得终于有人扛不住了，终于有人来正面股市了等等，但是，这绝对是一厢情愿，往往这之后下跌会加速，散户会将愤怒的目光指向老鼠们……

可是，老鼠仓也是仓啊！都打走了，资金不就流出了吗？不跌才怪。这里不能说打击老鼠仓不对，这是厚黑分析法厚道的一面，但既然是监管部门，工作就是监管，为啥每次都是打击老鼠仓而不问问老鼠仓是怎么建仓的？这就是厚黑分析法黑的一面。

关于厚黑分析法的一些案例，本书将在随后重点剖析。通过本书的学习，掌握后一定能在今后的股票操作中尽可能地规避一些风险。

“厚黑看股市，投机玩价值，阵地可以失去，利润必须留下”，这是挂在笔者博客上的一句话，读者不妨也跟着笔者厚黑操盘一下股市吧。

本章小节

● 技术分析的重点应该是:成交量、价格、时间、空间、人。

● 老鼠仓对于股票,"正作用"是非法行为,不按常理出牌,扰乱交易秩序;"副作用"是把死气沉沉的股性激活,利于波段操作。

● 长看基本面,中看政策面,近看技术面。

● 厚黑看股市,投机玩价值,阵地可以失去,利润必须留下。

第二章 中国股市相当“中国特色”

第二章　中国股市相当"中国特色"

中国股市扎根于"中国特色"的土壤中

中国股市是扎根在中国这块土壤里的,有太多的中国元素在里面。就笔者个人的感觉,如果照搬国外的那些股市分析方法来分析中国市场,注定是要失败的。但是,国外成熟的资本市场投资理念,那是一定要学习的。说到这里,大家平时看新闻是不是有种感觉,那些老外分析我们国家的领导人的谈话要比我们自己还认真。从级别,到说话用词,再到发表场合和谈话时间等……哪怕一些细微的变化,老外都能旁征博引,一叶知秋似的"悟出"即将发生的深刻变化,并以此结论为所在国公司领导、国家领袖决策做重要参考。他们这种几乎字句推敲的态度,不得不让我们深深地佩服。但是,他们为什么会有这样的思考思路呢?精明洋人的行动,其实是在告诉我们:在中国,很多事情需要很厚黑地去理解,包括证券投资领域。

我们的股市建立之初是以"为国企脱贫服务"为宗旨的,这就注定了上市公司的性质。当然,随着资本市场的不断发展,其也在不断地进步。但要彻底改变还是很难的,还需要很长的时间,所以才有一些公司虽然不够资格,但也能通过绿色通道上市。相信这些违背市场规律的事,必将会随着中国经济的发展和资本市场的不断开放，变得越来越少直至消亡。

我为什么不买紫金矿业？

对于一般的投资者来说，要想实地考察上市公司还是不太现实的。那么作为一个投资者，先天缺少了重要一环，怎么办？所以，为了弥补这个缺陷，投资者就需要在别的方面多下点功夫。有好多朋友问笔者，该如何去学习？笔者给出的第一个答案就是：学学中华哲学，多和父母聊聊天。我们知道，**一只股票，如果没有庄家的参与，那走势肯定很平庸，只靠散户是掀不起大浪花的，如果有庄家（哪个股票没有庄家？），那么该庄家基本是国人，他的文化底蕴必会体现在每天的盘面上。**比如性格慢的，其股票必是悠闲自得的那种长庄牛股（像 600881 亚泰集团）；性格活泼的，其股票的盘面必是上窜下跳极为活跃型的。所以，我们需要面对每天的盘面和 K 线来深入地分析，以期最大限度地从这些方面发掘出一些有价值的东西来。从这一点来说，再高明的庄家也会有蛛丝马迹流露的，这就看你能否抓住这些稍纵即逝的现象了。来看下面的一个案例分析：

在 2010 年 5 月 6 日，有朋友问笔者黄金板块的问题。

网友：如果黄金板块出现行情买哪个股合适？

笔者：如果黄金板块出现行情，原则上该板块都有机会，但是作为投资人，最大的愿望是利润最大化，至于买哪个股我不知道，但是我知道不能买哪个！

比如黄金板块里我绝对不喜欢紫金矿业。理由很简单，他是0.1元为单位发行的，虽然其价格是七八元，实际就是七八十元，价格并不低，这是其一。其二就是一旦该板块起来的话，散户钱少，买不起高价股，喜欢买低价的，那么紫金矿业的这个低价优势就体现得淋漓尽致了，会吸引散户跟风的。试想**一个股票散户跟风盘多了，谁还来拉升该股**？没人拉升还怎么赚钱？

通过这个案例，我们应该学到一种考虑问题的方式方法，并将问题想得更全面点。所谓全面就是要结合股票行走的规律来思考。

中国国旅，1888

中国人天生就对数字感兴趣，喜欢用谐音来诠释某些东西，我们愣是能从数字上寻求出一些精神寄托，而将这一思路应用在中国股市往往具有很神奇的效应。

在2009年10月19日那天的盘中博客里，笔者对中国国旅(601888)是这么调侃的：“注意中国国旅601888的走势，名字不是白来的。”(9:30之前说的)“11:28看看中国国旅的走势，再回头看看上面对它的说法，现在应该明白，这是A股，要有中国特色，迷信也是中国文化的一部分，XX1 888能给一般的小股票吗？不能，所以才有上面的说法。”这不是迷信，而是一个现实，任何人都会知道这么“昂贵”的号不会随便给别人的，那么对待这样的“中国特色”，你在其上市后首先就要想到的是：“为啥给它？”进而你要想到，该股的地位和该股上市的时机，这样你就能很快地得出：“用中国国旅来带动旅游板块。”也间接地得出，国家在大力刺激消费。

股市之道，非常道，有时不能只是局限在“合理不合理”上，你要理解，A股是扎根在“中国特色”的基础上的。那么，庄家也好，散户也好，都会不自觉地将这种生活中的“中国特色”表达出来。可是当我们抛开这些，完全从K线形态来考虑这些的时候却往往抓不到要点，这也就是股票难的一个方面。

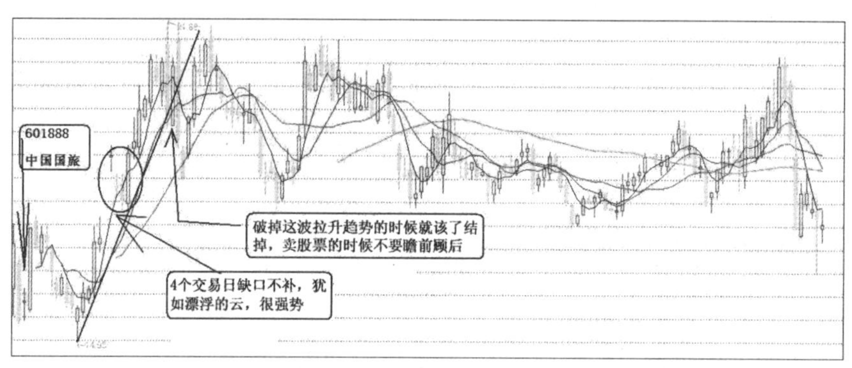

图 2-1 中国国旅的走势

三九集团的最低价如何得出——三九二十七

记得在 2008 年 8 月底的时候，一位好朋友给笔者打电话，说他现在有资金了，介入哪只股票好。因为是好朋友，不会出现误导和纠纷，笔者就说，那就看看三元股份(600429)吧！

他继而问：“你有消息？”

笔者：“我不能告诉你！”

他说：“那我现在就买去。”

也许是笔者的这句“我不能告诉你”起了作用，他很肯定地要马上去买。

笔者随即说：“别着急，可能还有百分之十几的下调空间吧。”

这次，这位朋友以3.14元的成本全仓买进了该股。后来大家也知道了，得力于河北三鹿的事件，该股复牌后大涨。在赚了钱后，朋友再次打电话给笔者。

他兴冲冲地问：“大哥啊，你怎么知道他要停牌啊？”

笔者：“我哪里知道啊。”

他说：“那你那次说不告诉我。”

笔者：“你现在看看三九集团的最低价是多少啊？”

他顿了一会儿，说：“两块七。”

笔者:"两块七是怎么来的?"

他说:"跌出来的。"

笔者:"这等于是废话,你学过小九九吧! 三九二十七啊。"

他大声地"啊"了一下。心有余悸地说:"难道你要说的是三元股份就要到三块钱!?"

笔者:"是的!"

他说:"大哥啊,你要是当时给我说这个,我打死都不敢买的,天啊!"

笔者笑了笑说:"所以我当时说我不能告诉你。"

笑过之后,我解释道,虽然这没有什么理论根据,但这是中国特色,人是需要点信仰的,999 或三元对一般人也许没有什么意义,但是对于有钱的庄家来说也许就是一个心理的底线。**越有钱越迷信,对于三元股份的庄家来说,三块钱的股价也许就在冥冥中让他心有余悸,他不会让这个数字有丝毫损伤的。**这也就是中国文化的微妙精深之处吧!

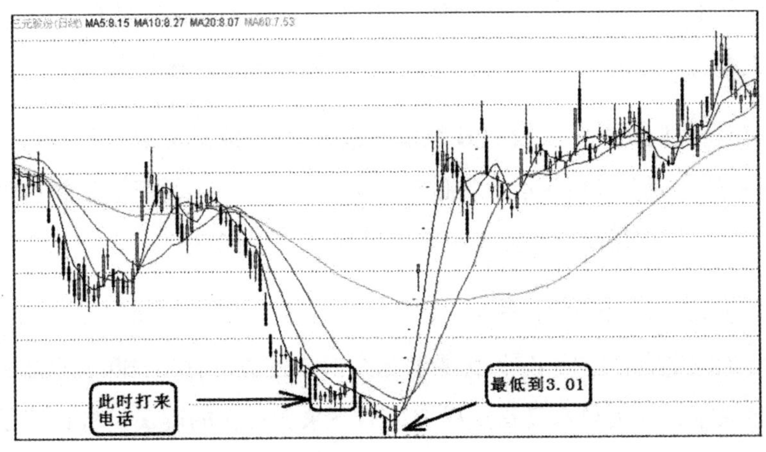

图 2-2　三元因"三鹿事件"复牌大涨

总结起来,该案例给我们普通投资者揭示了如下两个要点:

其一,连续涨停的股票,第一次震荡的时候有很多可以借鉴的经验。如果第一次震荡,但最后仍旧涨停(以 T 字型为最好),那么后面很可能还有

1~2 个涨停；而如果不能封涨停，笔者的经验是先出来规避风险为好。

其二，在分析中，往往有些数字是人们容易在心中形成心理暗示的，这种数字就要特别加以注意，因为该数字在主力的心里一样能出现某种心理暗示。像该案例的 3 元对于庄家来说，似乎不能破掉，否则在其心理上就觉得有种塌陷的感觉。

把自己当成庄家，你就知道如何看线了

我们每天面对的是大盘和 K 线，这些是共同摆在主力和散户面前的，你不好好地琢磨 K 线透漏的信息，就肯定不能很好地在股市生存。有人觉得主力会做 K 线，俗称骗线，这其实是一种自欺欺人的说法，是一种转移痛苦方向的说辞。难道说你在股市里赔钱是因为别人在欺骗你吗？持有这种看法的，肯定是不能正视自己的失败的。如果说操纵的话，那就是主力和散户在对待股票的认识上出现了不同而已。主力是一二十人看一只股票，而散户是一个人看几十只股票，用的功夫不同，收获到的结果也就不同。

有时，我们面对一个股票 K 线的时候，往往不能只是记得 K 线的经典说法，还要从心理上分析其前后的排列和主力的心理。下面佛塑股份（000973）的这个例子用以说明这一点是再好不过的了。（图 2-3）

箭头处是 2009 年 10 月 15 日，那天的上午，盘中一位网友打来电话，很是担心地问笔者：“空空老师，你看我这个股票还能持有吗？昨天它涨到 4 点多就下来了，今天早盘又是这样上去后下来，现在的震荡走势让我很担心啊！”

图 2-3　佛塑股份突破走势

笔者有个习惯，每当有网友问股票，笔者总是首先打开所问个股的 K 线图，然后问他们为什么害怕？笔者会根据他们的担心来解释。所以，当看到这种 K 线形态的时候，不到一秒钟的时间，笔者已经发现如下的内容：

1. 压力线 2 条（L1 和 L2，其中 L2 处于有可能被突破的状态）。

2. 下方方框处的 KDJ 有点底背离。

3. 成交量已经萎缩得相当厉害。

4. 局部有可能形成复合头肩底的形态。

5. 昨日冲高回落恰恰收盘在 L2 线上，显示主力是有企图的。

6. 在左上角矩形框内有一个高开的大阴线，笔者对这类高开大阴线有个感觉，多数情况下是一种强力洗盘，一旦将来吃掉这根阴线，那么随后的行情将不可限量。（当然，这种阴线要考虑其所处的位置，一般在碎步攀升后的末端为最佳。）

可以说，目前该股正处于一个关键时候。结合当时的大盘，笔者感觉 L2 突破的可能是大概率事件，而且就算不能突破，也只是再回踩一下，空间也不大。而且既然从上面横盘到下跌后在底部整理这么长的时间都能忍受了，

为啥一点点的小反复却不能忍受了？值得去赌一把。

于是就问他：“你为什么想卖掉啊？”

网友：“昨日冲高回落，收一个长长上影线的阴十字星，显然卖压很大，今天这种震荡感觉是诱多，所以想出来。”

笔者：“第一，目前是关键的时候，宁可多赔一点也要等待一下，就是等待确认；第二，L2线有可能要突破；第三，（我把上面6点解释了一下）；第四，昨日长上影线为啥你非要说成是卖压大啊，为啥不好好想一想，如果你是主力，你会直接告诉散户我要出货吗？庄家都是阴暗角落里的聪明人，不会糊涂到向散户袒露心扉的。厚黑点儿去看这个上影线，就是很有希望的仙人一指。所以，我觉得，你今天可以不加仓，但是最好不要卖出，等待一下吧！忍到梅花怒放时。”

其后，该股在突破回踩前面提到的大阴线后，再次出现拉升走势。如：（图 2-4）：

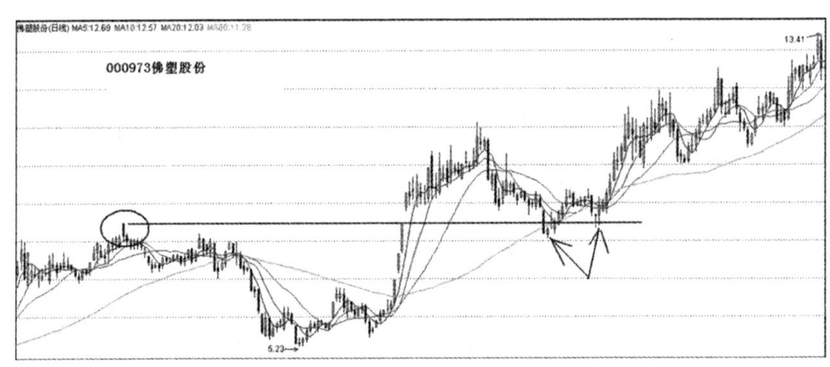

图 2-4 佛塑股份突破双压线后行情远大

等涨上来以后，才有消息说该股是和受巴菲特青睐的比亚迪有什么合作关系。但从 K 线形态上你也可以及早探知主力的动向。所以，笔者觉得厚黑无处不在，只要结合所学的 K 线知识，灵活运用就会起到很好的效果。

这个例子有一点需要提醒大家的是：**在关键时刻忍无可忍再忍忍**。这句话，想强调的是“在关键时刻”这个定语上，不是什么时候都要忍无可忍再忍忍的，如果不分场合地忍无可忍再忍忍，那后果是不堪设想的。就拿奥运会时大盘的破位走势来说，如果你忍无可忍再忍忍的话，那等待你的将是痛苦的惩罚。

回到前面说的“如何学会分析”这一问题，笔者的回答是：跟父母多聊天，学学中国的哲学……好多股友不太理解，其实，父母是过来人，知道怎么为人处世，其经验是你的财富。多聊天，你可以从中更深层地领会处世之道，也会对庄家的一举一动有了你自己的看法，而不至于人云亦云。中国哲学强调一个中庸思想，咱们作为门外汉，不去深究这些。但是中庸在股市倒是被体现得淋漓尽致——涨高了要回归，跌深了也要回归，最后会到一个合理的估值价位的。这也是厚黑分析法起名的原因之一。

本章小节

● 播发领导人的新闻时，关于级别，说话用词，发表场合，甚至说话时间的微小变化都有可能预示着政策可能将有所变化。

● 一只股票，如果没有庄家的参与，那走势肯定很平庸，只靠散户是掀不起大浪花的，如果有庄家（哪个股票没有庄家？），那么该庄家基本是国人，他的文化底蕴必会体现在每天的盘面上。

● 用庄家的思维思考，一个股票散户跟风盘多了，谁还来拉升该股？

● 中国人天生就对数字感兴趣，喜欢用谐音来诠释某些东西。

● 连续涨停个股，第一次震荡后仍涨停，可期后面还有 1~2 涨停，不能封停，出局规避。

第三章 如何解读“政策影响”

第三章　如何解读“政策影响”

就股市本身来说，简单地说它就是为了解决一些公司发展所需资金的场所，而股票是一种虚拟资本；按照经济学的观点，股票是买卖生产资料所有权的凭证；按照老百姓的说法，股票就是一张资本的选票，老百姓可以根据自己的意愿将手中的货币选票投向某一家或几家企业，以博取股票价格波动之差或是预期企业的未来收益。这样便可以理解，股市的发展为什么与本国的经济发展密切相关，这也便有了“政策市”之说。

由于我们国家的股市才刚刚 20 个年头，不足的地方肯定很多，按照总设计师小平同志的说法，中国股市就是摸石头过河，这段路还有很长的时间可走，但是，我们不能简单地把一切都归罪于政策，股市毕竟还是股市，它有着自身的规律。

老股民都知道，在股市不注意对政策的解读往往会掉进结构性风险的漩涡里，而且这些漩涡都是致命的。如何在股市里很好地利用政策，成为每一个中国股民必须解决的问题。

中国股市是全世界最安全的

当看到这句话的时候,你肯定会哈哈大笑地加以反对。可是,如果笔者说出以下理由的时候您就不会笑了。在每一次大的结构性调整之前,我们的主流媒体总是会“透露出信息”的,只要我们稍加分析并克服内心的贪婪,就有可能做出正确的判断。

在 2006 年至 2009 年这几年,股民经历了大牛到大熊的轮回,有赚钱的喜悦,也有赚后不走到大赔的悲痛欲绝。但是,痛定思痛后,我们是不是应该总结一下,问问自己:“我为什么赔了?”是啊,为什么赔了?难道就没有一点先兆?不是的,有先兆,至少主流媒体在 2007 年 5 月 30 日之前用了几个月的时间反反复复地提醒股民注意风险,但是没有几个人能认真地去领会。到了后来,在 2007 年的九十月份又开始了新的一轮教育攻势,这次是教育基金注意风险,随后才有基金的大赔。从这些事例来看,在欧美日等主要股票市场,这些“善意的提示”根本就没有,难道说这还不足以说明中国的股市安全吗?问题是你有了“股民风险教育”后的 5.30 的惨痛,为什么不能在随后的“基金注意风险”的教育中举一反三?

可是我们对大跌进行反思时,只是停留在自责没有技术、听信谣言等上面,而没有去梳理一下走过的路上到底发生了什么?我们为什么没有在第一时间想到、规避到?

中国股市往往要解决某个问题而产生一波行情

中国股市有其独特性,也正因为这样,才更有可控性。中国股市往往是因为要解决某个问题而产生一波行情, 行情的大小也就取决于要解决的问题的大小和影响力,我们只需留意这些(也就是对政策给予足够的认识)就可以规避大的结构性风险。

就拿998点到6124点这波行情来说吧！其主要解决的问题就是扭曲的股权，这个问题在前面的2245点的时候曾经试验过，效果就是把股市从2245点踹到了998点。而加入WTO时承诺开放中国的资本市场,5年保护期马上就要到了,改革刻不容缓,这就让股权分置改革变得严峻,只许成功不许失败。2245点那种国有股减持的方式简直就是屁股决定脑袋的方式,一点水准都没有,它顾忌了一点,那就是国有股利益最大化,而忽略了资本市场有其自身规律,所以,它注定要失败,那之后,中国股市进入了长达几年的熊市,股民损失惨重。2005年重新提出来,这个时候的名字不再叫"国有股减持"这个让股民听着就头疼和反感的词,而改用"股权分置改革"。中国话就是有意思,名字一改,涵盖的内容就大不一样了。"国有股减持"对股民来说带有强制性,根本不给股民丝毫的权利(要不中国股市的投资者都叫自己股民,无权利怎么好叫自己投资者啊),而后一个"股权分置改革"就有点"谈判"的味道了。不管结果如何,至少在名称上尊重了普通投资者,这就是进步,也就为后来的成功奠定了基础。

从某种意义上来说,股权分置改革是中国资本市场的一个转折,也就有了后面说的"新老划断"之说（一般认为中工国际上市是新老划断的分水岭),这是一个很大的事件,必定要有足够配套的大行情来匹配才行。

记得那时点位在1200余点,笔者从上海回到北京,正好几位常年在股市征战的朋友聚在一起,就问了一下旁边的李哥:"李哥,这股权分置改革是利好还是利空？"这位股市的老股民说:"当然是利空！凡是国有股减持都应该是利空！"

笔者中间几年在上海帮一位朋友打理公司没能在股市，但也从来没有离开过股市的牵连。笔者那时刚刚经过了熊市的洗礼,对股市开始有了自己的认识,不再一根筋,不再对某些事情太片面地看待了,对待市场出现的一些信息也开始试着从不同角度来分析了，虽然还不免把话题用到谈论消息的多还是空上，但已经开始辩证地看问题了。于是笔者回答到："呵呵，我也觉得国有股减持是利空，但是国家利益大于一切，不可能在低位减持的，这是其一。其二就是面子问题，也就是咱们厚黑点看看这个股权分置改革。不管用什么词来说减持这个问题，因为 2245 点的国有股减持已经失败过一次，而且怨声载道，股民损失的是钱财，但当年减持方案制定者损失的是能力和管理水平，太丢人了，所以经过几年的酝酿，再次推出来，他们还能让它失败吗？绝对不可能。而且 WTO 好像也快到了保护期解禁的时间了，有点时间紧迫，所以我觉得这次就算是利空也就是短期利空，我个人觉得必须有一个大行情才能让这次的股权分置改革成功。其三，这次的股权分置改革将是国企最后一次轻松的圈钱。"

当时还不理解"政策底必须打漏"这一点，所以，后来在跌到 998 点的过程中，李哥多次取笑笔者，笔者也只能干干地苦笑，不过，我还是始终认为这次不可能再失败，那太丢人了。如果说对股市看法上有了根本的转变的话，那就是从那时起笔者这种厚黑地看问题了，而且坚持到现在，恐怕还要到永远，虽然不知道永远有多远。

"中国股市是为了一个目的而产生行情的"，对于这个前面提出的问题笔者还有一个简单的例子——那就是创业板。

呐喊了 10 年，终于推出了创业板。搜狐直播那天请笔者和《证券日报》的副总编辑马方业、西南证券研发中心副总经理解学成一起在创业板开板的当天上午共同谈论一下创业板的方方面面。在那次的访谈中大家首先表达了一种祝贺，但笔者对于创业板的前前后后还是有很多自己的解读。

1.对创业板上市前的媒体宣传笔者感到不解。媒体对于创业板的风险有点夸大。要知道，当时的股民是经过了 6124 点跌到 1664 点的股民了，谁能没有一点风险意识？何必那么大张旗鼓地去宣传？

2.与其加大宣传风险，不如做好基础工作，像创业板公司质量、监管、规则等。

3.对于上市的首批28家创业板公司，笔者有自己的看法，应该不是业绩放首位，而是公关能力第一。既然这样，那上市的这些首批创业板将有很多是带有指导性意义的股票，这主要可以从行业上认真地分析。

4.当主持人问笔者对散户和创业板有啥建议的时候，笔者提出：(1)去注意那些行业特殊的，但主板没有可比性的公司，比如：华谊兄弟、探路者、爱尔眼科等。(2)多考虑那些市盈率高的股票，很简单，市盈率高就是价格高，价格高就是资金推动的结果，既然有资金推动，那就是有人在炒，既然有人炒，那就有行情。(3)多注意两只农业类个股，吉峰农机和大禹节水。很简单，既然宣传创业板是高技术含量的公司，那么吉峰农机只是简单的农机具销售联营店，没有多少高科技在里面吧！那为啥要到创业板？可以到中小板啊。所以，这里可能带有国家扶持的导向作用。既然国家政策扶持，为什么不关心啊？这再次印证了“炒股要听党的话”的真理。这两只股也给市场带来一个信号——将来农业要走大机械化的生产。还有，在随后的一周只有吉峰农机能步步高升，但你看到谁查处他了吗？这些都是问题，摆在你面前，你应该如何解答？回答好这些才是问题的所在。多想想，机会就不会失去了。

“政策底必须要打漏”

“政策底必须要打漏”，这是一个真命题，世界各国的股市皆如此。理由很简单，谁也不会、不愿意背负操纵股市的骂名的。咱们中国人善良、听话，理解政策底时往往会出偏差，且恰恰做法相反——每当政策底出现的时候，他们总是善良地认为“终于熬过来了，有人救市了”，而且创造性地用“解放军要来了”来给自己打气，他们很少去认真总结，这多是人性的弱点和不太了解人情世故的原因导致的。

对政策底的理解不是那么容易，这里给出几个注意要点：

- **谁说的？**

一般人说的话是不会产生政策底的，只有一把手或相对高的官阶的人

说的才能有效果，而其他人说的往往适得其反。下面我用曾经在博客里写的一篇短文来说明：

《请注意：这个消息可真的不好》

“刘JP呼吁股市推新政，挤压泡沫的同时提振股市”

刘先生是好人不假，但本文无意探讨。我只是在利用“A股最大的风险是道德风险”来思考这个消息的后果，为什么在大盘破位的情况下出台这类消息？目的何在？（这是对媒体的一种质疑，谁让这些消息应景而出的？）

记得刘先生的呼吁文章，在2008年不断地、应景地被推到每个主流媒体的显著位置，可是，随后让股民面对的现状是大跌再大跌。随便举例来说吧！

- 刘JP：非理性下跌亟待政策配合重振信心！
- 刘JP：4000点是股市“基本点”？
- 刘JP：股市跌破4000点的六大风险？
- 刘JP PK胡舒立

财经杂志悠着点，4月1日愚人节，中国股市跌到了3300点。在不到5个月的时间里，中国股市跌幅高达45%，值此股市发展的关键时刻，愚人节出版的《财经》杂志刊登了主编胡舒立《何必讳言不救市》的文章，副标题是“股市不应救，不能救，亦不必救”。结果大家看到了，PK的结果是老胡对了。

- 刘JP：4000点是A股市场合理估值点位
- 中国企业股改第一人刘JP:5300点股民不要慌
- 刘JP:2008年涨到6000点属正常

不列举了，这些文章恰恰都是在要大跌之前应运而生的。这里不是针对刘先生，但有些媒体出台这些应景的新闻是需要我们长点脑子分析的。不是去骂谁，而是考虑媒体为谁服务的问题，刊登在头条自会有其深刻含义的。结合大盘周K线，再看看这种指责证监会的说法，你是不是觉得有人给你出头了？其实，胜负已分，跌呗，人家有了股指期货。

任何市场都是以牺牲小股民的利益为主题的，任何的股民不要幻想有谁拯救你，谁要拯救你谁就有病，还不轻，可能拯救你吗?

很不幸的是从那天开始，股指开始了加速下跌。这些有分量的在野人士说的话，一个共同点，即让散户感觉到他们也不能忍受股市的下跌了，这些往往能在散户心中形成共鸣，恰恰因为这一点才有可能被有心的主力所利用。这里有一个这些话出台的时机问题，该类文章往往出在散户要做决定而没有做出的时候，就像上面这段文字所提到的，那个时间恰恰是散户被跌得晕头转向，下决心反弹就出来的时候。试问，这个时候一个重量级的业内人士一说上述那些文字，散户第一时间感觉到的是“有人在替我们出头，苦日子连业内人士都不堪忍受了，那就会有人救了”，可是，恰恰忽略了“道德风险是A股最大的风险”这句话，你为啥不考虑一下“谁能或谁有资格救你?”一般的在野人士能救得了你吗?规避这些风险才是要做的，随后，只要出现缺口就一定要走人。

- **什么场合?**

这里要考虑一个针对性，这种事很多，但往往到后来才有一个清晰的认识。这里举一个简单的例子:

笔者在2010年5月21日的《早盘必读》里写了如下博文:

《目前的境况和大盘短期走势》

2008年前后的事回放:

1. 美国次贷危机，被国内专家说成是对中国没有多大危害，传导不会太快，指出当时中国主要是通胀问题和泡沫问题。

2. 提高准备金率N次，加息N次。

3. 推出新劳动法。

4. 大批沿海企业消失。

5. 后来一看经济危机不是没影响也不是传导不快，被批要“提高预见性”，结果2007年风光的那些经济学家上镜率消失殆尽。

6. “不折腾”后见底回升。

近期回放：

1. 通胀是可控的，全年定在3%。

2. 央行多次表示认真研究，防止通胀，目前通胀是可控的。

3. 欧洲经济危机爆发。

4. 提高准备金率。

5. 打压楼市，坚决抑制高楼价。

6. 发改委：认真研究地产发展的细则（第5条和第6条显然背离）。

7. 欧洲经济愈演愈烈，预示央行改了口风说“目前经济数据表明，加息靠后”。

8. 温家宝：目前是调控两难境地（有点要纠正第5条了）。

9. 发改委：目前房价处于观望期，今后是高位震荡（居然划定了以后的走势图）。

10. 央行人士变动。

11. 从上面的5演变到10，显然是对2008年美国经济危机造成的伤害记忆犹新，不敢再托大了，应该说这次地产商又胜利了，还需要信心吗？

这里要说明的是 4 万亿救市很是被动之举，如果当初能正确理解美国的次贷危机的话，也许就不那么被动了。加上目前的回调也是被动之举的还账行为，所以，这次调控的口风改动是问题的关键。在 5 月 20 日的盘中和收评里我写到：“印象：有点要将人们头脑里的交割日就大跌的想法去掉的感觉……”“但就 K 线来看，明天还是有点希望的，再烂的 A 股也有一点涨的尊严吧！关键是不要有跳空缺口出现！”（图 3-1）

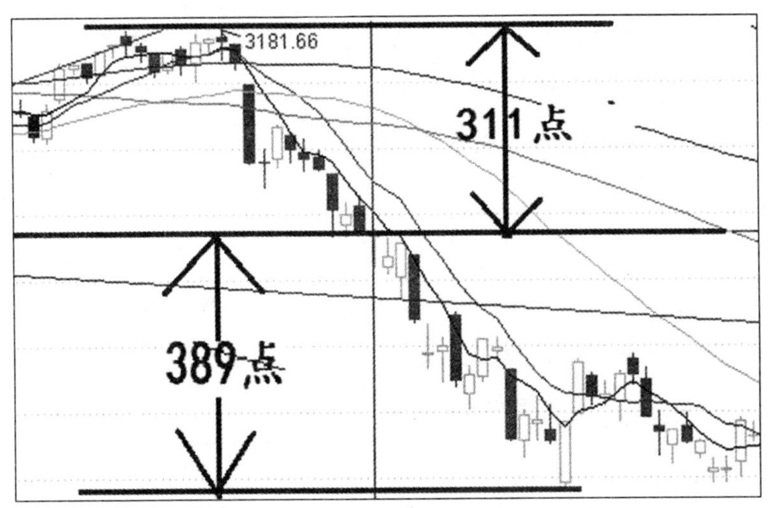

图 3-1 4 万亿公布当日

这里想再说一下，就是上图中说的消息那一天，其上下的空间有点说法。那天收盘 2870 点，其上有 311 点（3181-2870），其下有 389 点（2870-2481），股市的规律就是分析的点位走到了，就会沿原有趋势再走下去。所以，在遇到这种消息的时候一定要果断点。这一天笔者在博文里就提到过这些，所持有的理由很简单，那就是“私募都是很隐蔽的，绝对不会将心里话公之于众，既然在媒体上大张旗鼓地说出 2700 点的建仓位置，那么就不要认为是真的”，媒体都是给散户说的，问题是说的和听的要很好地分析才能算对。

- **股市是什么价位？**

往往是股市低迷的时候才有政策底，股市高昂的时候才有政策顶。

远的不说，大家一定还记得 2009 年 8 月 17 日这一天吧！证监会主席说：“目前股指适合当前的实体经济……” 这句话是针对股市且由股市的最高监管官员来说的，这就是政策底。可你在听到这句话的时候想到的是：“不会吧！这太直接了，不可能监管者给划出道来的。”有了这个想法，也就有了

自己的操作了。笔者在那天的《早盘必读》的博文是这样写的：

《尚福林开口维稳　A股或已到政策底》

虽有点旧，但确实是今天的最大不幸，如果现在的点位真的是他说的政策底，那么喜欢搞国际接轨的中国，按世界股市的惯例，政策底必将打漏，也就是说3000点今天如果破掉，还要往下奋斗，那么反弹就该减仓，关键是这句话出来的不是地方和不是时候。

后来在中午的时候，笔者觉得下跌缺口太大，无力回补，就用“**缺口太大，扯呼！（090817 午评** 2009-08-17 11:32)”来点评。

后来几天，股指继续下行到了 2639 点。这里有几个问题没有让政策底达到理论跌幅（相差数十点），这是必需的。这里笔者给出大家一个考虑这个问题的方法。

理论跌幅计算方法（只是本人这么认为）：

3478-3039=439

3039-439=2600

所以理论跌幅该到 2600 点。

但是，经验告诉我们，分析到的理论价位要真正达到的话，就肯定会沿原有趋势再走一段，也就是说如果是上涨，达到了理论涨幅点位就再向上运行一段空间；如果是下跌，达到了理论跌幅就再跌一段空间。如果理论价位达不到，其放量反转就是机会（当然，这个机会涵盖出货和建仓）。

那么如果达到了，会再沿原有趋势走多远呢？我的经验是减半取整。还是按上面的计算方法来说吧！

439 的一半是 219.5，减半取整就是 220 点，但由于数字太大，就将 220

分两份，也就是说再跌百余点会有反弹。如果不能有止跌板块(权重板块)出现，再朝跌220点的地方进军，这没有什么道理，只是人的心理在作怪，要不说股市没有对错，只要你能让自己相信就可以。所以，跌破2600点后，其后的支撑点就是:2590点、2480点……

上述只是一种经验加心理的分析，慢慢地体会，不可作为至理名言来看。

政策顶到底在哪里？

中国股市从开始就被定格为“为国企脱贫服务”，到现在仍旧是那样，绿色通道下什么都敢上市，有时连包装都懒得有了。当然，具体问题具体分析，既然开始就是这样，那就不要埋怨了，关键是要从这些特事特办中调理出我们的投机策略(笔者到现在仍很反感“价值投资”，倒是觉得用价值投资的眼光去投机更恰当)。

正因为有这么多的特事特办，才有了后面许多的利用。大家一定不陌生，在股改进行到2006年底的时候，尚福林在一些场合宣称股改胜利成功。说得也是，当时股改的A股公司达到95%多，单纯从数量上来说，应该算是成功了，但笔者当时对这个言论很不以为然。笔者有自己的理由，那就是很有分量的公司———深发展还没有股改，谁也不敢言、也不能言胜利。我们知道，中国讲究数字的迷信化，0001(早期是4位数)为什么给了深发展？必有深刻含义。我们这里不追究，但就其0001就可以知道深发展的地位很重要很特殊。这就像中国奥运会金牌选手，有很多不会被人记得，但是许海峰的第一枪，那是无论如何都能记住的。因为许海峰的第一枪开创了中国奥运的历史，可有谁还记得哪一届奥运会上李宁是金牌最多的选手(3块)，这就是历史意义的体现。

笔者在当时听到股改成功的时候，觉得这种说法有政策顶的意义，这也是当时听到后坚定地看好后市的原因。即使在2007年2月27日暴跌都没

有让我看淡后市，因为笔者觉得既然股改说成功了，但深发展还没有股改，就不能说是成功，就这么简单的理由。如果别的公司没有股改，只有深发展股改了，那么可以说成功了一半，既然现在深发展还没有股改，那就不能说成功。笔者在 2006 年 12 月 18 日的博文中是这样说的："……行情演变到现在没有人说能到多少多少点，但我个人认为今年的行情的始于股改，也应该终于股改。而且我认为，深发展股改方案的实施日就应该是大盘调整的开始日。大盘不能也不可能抛弃深发展的，不可能让这个昔日威风八面的龙头退市的，必将等他上岸。从时间的角度来看，也有可能是这样的。"大家可以去看看，深发展的股改是 2007 年 5 月 31 日，而大调整就是著名的 5.30，相差一天。所以，在市场出现明显利好利空的情况下往往预示一种趋势的加强。之后笔者总结出来："**凡是打击老鼠仓最猛烈的时候，就是主力最后建仓的时候。**"当时，股改进入倒计时，甚至证监会还就股改划定了时间表，不股改就退市。当时，好多持有深发展的股民很是害怕，问笔者怎么办？笔者说："你们的这种担心完全是多余的，看看深发展在美国人的管理下，呆坏账年年减少，赢利前景很好，就算退市，你还可以长期分红，何乐不为。况且，深发展是不可能退市的，他是一个标志，谁也不能替代他的，他如果退市，那就是宣布中国股市失败，但这是绝对不可能的，所以深发展不会退市！"

后来，有一位看笔者博客的朋友传纸条给笔者，问："……空空老师，你知道'深发展股改方案的实施日就应该是大盘的调整开始日'是谁说的吗？"笔者回纸条说："是我说的，但是我已经忘记了……"后来沉思了几分钟后，笔者突然满头大汗，突然觉得这是一场多么精妙的大戏，什么大跌、大涨全都在掌握之中。如果我们能心平气和地分析媒体的话，就觉得有可能规避像 5.30 这样的恶劣的风险，我更加没有力气去怀疑什么政策的对错了。政策都是对的，错误的就只是我们没有能好好地理解而已。从这一天开始，笔者开始了全新的对政策的理解和分析。

政策永远都是对的

由于中国社会有其独特的社会文化，这也就造成了市场一些理性和非理性的中国特色的成分。对待这些，笔者的建议是：**政策永远都是对的**，一定要在分析之前将这句话作为前提。但我们作为股民需要找出这些政策是针对哪些说的？什么时机说的？由谁来说的？口气如何？等等，总之，要用平常心对待政策，且不能有逆反心理。

在2007年2月27日那天，股市暴跌，市场各种传言都有。但是仔细地推敲后，又觉得都没有这个能力将股市砸成那样，于是，笔者在第二天早晨写下了如下的博文：

《昨日暴跌的根源(2007-02-28 07:59:57)》

还是要谈谈昨日的大跌，虽然心中已是恨之入骨，但既然在这个圈里就要想法找出点对策来。盘后给一些圈里的朋友打电话询问，结果主题都是："不知道！"而对我的盘后分析他们有八成表示赞同，后来也接到众多博友打来的电话，我也表达了我的几点看法，虽不成熟，也拿来给大家，请大家品评品评。

两市跌停板近1000家，大盘整体下跌接近9%，而且是实体放量的一根大阴线(沪市1310亿的成交量，真正第一次有了天量的感觉)，这种跌法在中国股市的历史上也算罕见。说其罕见，不是说没有过，只是今天的暴跌确实违背一些常理，理性成分一点也没有。

博友也回馈一些传闻信息：

● **加息**

我认为几乎不可能。有两点，一是刚刚提高准备金率，如果马上加息，这就纯属周小川的无能之作。相信周小川在金融界闯荡多年是不会这样轻易地连续动用利率这张牌的。而且他前一段还明确说过，短期不会加息，这岂能食言？二是加息会促使国外热钱加速流入中国。这与国家防止国外热钱流入的初衷是相背离的。

● **金融机构严查违规资金**

有，但是绝对不会反应如此强烈。而且，这种严查实际早就有，应该被市场消化得差不多了。况且，严查违规资金对股市长远发展也是百利无一害的事情，所以我认为这一点造成暴跌的可能性不大。

● **尚福林要调走**

哈哈，如果真的要走也是上层领导看其本领高强另派重任给他，只能是升迁绝对没有降阶的可能，那样的话全国股民也不干啊。毕竟尚福林主席让劳苦大众有了赚钱的快感，并且证监会主席这个座位目前是多么的带刺啊，谁想接啊！另外，尚主席升迁，股市只能往好了发展，绝无大家用几近崩盘的恐怖气氛欢送他的道理，而是应该用大阳欢送才合情理，祝他步步高升。

● **收税**

如果是这样，真的可以造成目前这个局面。这是目前传闻中唯一一个可以把大盘弄成这样的消息。但是其实行的概率为0。我不知道我们口口声声要与其接轨的发达国家是不是这样，但是我想中国已经是世界少有的高税收国家了。对于股市来说，各种税费已经是高高在上了，不大可能再收利息所得税了。就算收，也不是现在，因为去年有过这样的高层谈话，当时就造成股市动荡，所以在谈话的第二天就迫不及待地给股民说：只是统计没有收税！言犹在耳，不会短期实行的，至少奥运会前不会！如果现在实行该政策，那就不是今天一天这样了，将会是连续跌停才对，那中国股市真的是没得玩了，大家一拍而散好了，最后股票都要去3板了，况且操作起来非常艰难的，绝对不可能，绝对不可能！

● **获利回吐**

这是大多数股评家的看法。也对也不对，对是因为有回吐的必要；不对是因为不符合主力出货的最起码的理论，如果这样出货，那真的是"中国特色"的最佳解释了。我倒要问一下，出货非要告诉全世界："我，主力，要出货了！"没道理的啊！

● **教育新股民**

这么教育也不怕社会动荡吗？况且教育是要受教育者开化，这样的教育不是要新股民开化，而是要他们的小命，是一棍子把他们打成傻子。

● **股指期货**

更是不可理喻了，炒了一年的股指期货概念难道还没有消化，非要这样玩吗？不可能的。

除了上面的几点，再没有别的了。翻来覆去地看，翻来覆去地想这几点，越来越觉得不是，所以，我还是坚持我昨天的收评观点：主力资金在用这样的手段给管理层施压，让管理层不要在金融严查上不择手段，给留点空间，并且选择的时刻很是艺术，完全可以让管理层有充足的时间在两会前解决这些问题。

支持我的看法的几点理由：

● 问了许多的散户朋友，他们几乎一样——只有卖的可能，没有大进场的可能。没了散户的倒腾，那么1310亿的天量岂不是主力对倒的结果吗！钱多得傻啦！

●《新闻联播》都不敢评论，证明管理层也懵了。晚间也在热线探讨，最起码要在今天拿出一个方案来吧！

● 奥运会前绝对不会让股市出现非理性的走势的。要知道，奥运会对于中国来说是仅次于“台湾问题”的大问题，其他没有任何的事情能比她大，不能让社会动荡影响她的召开。前面的管理层已经用他们那愚蠢的国有股减持方案把股市搞了一个推倒重来，那时也许是必由之路，但是现在不行，时间不允许，再说现在有什么理由支持许小年的推倒重来的理论。

● 调整是允许的，但不是这样的。

既然这些都能预测出来，那多安全啊。可为啥仍是赚少赔多呢？这里就有人性的弱点和不能全面认识股市理解股市的原因了。股市是一个复杂的东西，又是一个简单的东西，简单到只有买卖二字，复杂到了社会、人性、自然、战争等等。

咱们举个例子来说明吧！当人们回首往事的时候，知道基金亏损是因为什么吗？也许你会说股市的不景气或者不会卖等等客观原因，但是笔者要说的是：他们没有很好地解读政策！

大家都知道5.30的危害了，可是有谁去在亏损后好好地反思5.30之前是什么境况？从2007年的第一季度后半段就先有专家（是真的专家，但事实证明就像砖家）去大肆地用数据告诉你通胀等等，然后就是开始长达3个月的股民投资风险教育。可是，行情演变到最后，谁又能听得进去这种风险教育（对于风险教育，笔者之后再说），于是有了5.30，股民亏得一塌糊涂。也许我们当时没有注意这一点，这没有关系，可以阿Q一下。笔者认为在股市拥有阿Q精神还是很必要的，要不怎么人人都不喜欢说自己套多少，而是喜欢如数家珍地把自己胜利的一面不厌其烦地讲给别人听（不过，多数都是挣得少的)。不怨自己不聪明,只怪对手太狡猾。但是,好了伤疤忘记疼就是自己的不对了。在之后的九十月份,主流媒体又开始教育基金注意风险,这个时候你就应该马上想到这种教育与5.30前的股民风险教育有关联，这才是股市生存之道。可是,善良的股民认为这是教育基金注意风险,与己无关,善良地认为刚刚从5.30废墟上转好的股市怎么可能再度走熊?可为啥就不能再深入地考虑一下:基金赔了,间接的小散不是也得赔吗?或者厚黑地理解一下,基金风险的教育,难道是让基金经理赔钱吗?开玩笑,就算让他们赔,也是要转嫁给你基民的。当时，在看到主流媒体这么教育基金注意风险的时候,笔者在博客里是这样说的:“……5.30前的股民风险教育让股民赔了,现在的基金注意风险,难道是让基金经理赔钱吗?显然不可能,那就让基民赔。基民赔了,说明股票下跌了,那股民一样要陪(陪着赔)……”之后的基民是一个什么状态大家有目共睹。

当时笔者在海淀医院做颈椎按摩，对那些辛苦的按摩医生们说:“赎回你们的基金吧！我觉得要跌了。”笔者给他们说的理由就是上面那段话。可是,谁也没有听进去,后来他们还在打听,空空怎么不来了?他们到最后都没有赎回,也算是为国企脱贫做出了自己的贡献吧!

在一次讲座中,有位听众问我:要是我们都能掌握了您说的这一切,岂不是大家都能规避风险了,那谁还赔钱啊?

笔者说,这有几点:

一是,股市不可能达到统一赚钱;

二是,由于性格、文化背景、环境影响等会让理解政策出现偏差;

三是,人性弱点难以克服;

四是,主力操盘手法因势利导,花样翻新。

就主流媒体的这些宣传,笔者个人认为是很有必要的,毕竟中国与国外不同,我们有13亿庞大的人口,我们不仅需要经济的发展,更需要的是社会

的稳定，一个不稳定的中国将是世界之痛。所以，**我们的股市也不能只强调资本市场的规律，还要兼顾社会稳定**。你理解了这一切，也就能理解政府的一些话了。你也只有认识、认清了“炒股要听党的话”才能在股市生存。笔者曾和一位著名的财经评论人士这样说：“您不能国家出台一个政策你反驳一下，出台一个反驳一下，那这个国家还要不要？还发展不发展啊？”所以，大家如果以后还想在股市混，就听笔者一句肺腑之言：**炒股要听党的话！**

好多朋友因为在股市赔得多了，往往认为谁都是在骗他。在不断的股市锻炼中，越来越觉得不能对后市下结论，对于政策的理解也不会下结论，只能结合后市的走势来修正某些解读的缺陷。

但是，一个前提就是不要首先去否定它，这就好比一个家庭，如果家长做的每个决定都是错误的，那么这个家庭还能和睦吗？

一句俗话说得好——点背不能赖社会。炒股也是这样，赔钱了，千万不要把亏损的原因归咎到别人身上，因为那样只会让你越陷越深，亏损越来越大。这里要用点儿心理分析了——都是别人的错，那就不会让自己改正了，那你还进步个啥？就像前面提到的几个案例，3000 点是不是政策底？这只有让将来回答。不过从世界股市的规律来看，发展是必然，中国股市 1500 点是顶，破掉了，2245 是顶也破掉了，3000 点按时间和空间来看，很有可能是下一个破掉的顶，那也就成为下一轮行情的起点。

理解是一切的源泉，当你每年都听到一号文件是关于农业的，你就知道农业有行情。但是你要加入自己的理解：**农业板块业绩都不是太好，自然不能支持其全方位运行。早春冬初你去看看，他们往往都有好的表现**。听话要听音，不是笼统地去听。就拿 2009 年 11 月来说吧！联合国秘书长绝食一天支持全球拯救饥饿的行动，就预示着粮食的重要性，这一点对于中国 13 亿人口的大国更加重要。然后，再结合之前农业板块的频繁异动，你就会明白为啥冬天农业板块会有行情——天寒地冻，吃的都是储备的东西，蔬菜成本大等等都会让农业板块疯一把。炒股就是炒一个概念。所以，我觉得不能简单地用价值投资来诠释中国股市的炒作。（难道美国不炒作吗？一样一样的，当年炒作网络股不也是炒概念吗？）

当2009年“5.12”来临时，一位网友问我：“道长，明天就是5.12大地震周年祭了，你说股市会怎么样？”我说：“会好的，因为我们要用股市向全世界宣布，我们在党的领导下，战胜了特大自然灾害，在废墟上重新站立起来了。这一点上来看，你觉得去年（2008年）10月份新华社重新再提股市是经济的晴雨表是多么的伟大。”这就叫辩证地理解，你说这些与股市有多少直接关系？没有多少。但是，我们需要这个，这就是有点面子活的意思。

中石油打着“低价发行让利于民”的口号，真的用16.7元的价格发行了。但是，稍有政策解读能力的股民就会明白，当时的那个市场，就是40元发行也能发行出去，可是为啥非要降低身价发行呢？这与圈钱形成鲜明的对比。一个特大的股票出现鲜明的反差，就这一点就需要我们给予重视，事后证明这种怀疑是对的。所以，不要简单地认为上市就是圈钱，即使是圈钱也要辩证地看待和分析。结合当时主流媒体说的高市盈率、泡沫严重等说法，如此低市盈率的中石油，其目的就是要整个市场向其靠拢，为啥？他的权重低，分量大，只能别人跟随他的步伐。市盈率降低的大方向一定调，调整也就是必然了。

炒股听政策，全世界都一样

有人也许只会在大跌的时候想到周边的股市怎么就有人救？怎么就那么理性？就像鲁迅写的《狂人日记》中的一段独白：“我翻开历史一看，这历史没有年代，歪歪斜斜每页都写着‘仁义道德’几个字。我横竖睡不着。仔细看了半天，才从字缝里看出字来。满纸都写着两个字，是‘吃人’！”是的，各国的股市都一样，都是赚的少赔的多，也都是大起大落，如果说有差异，也就只能说各有千秋。

记得 2009 年 2 月 21 日新浪举行的十佳博主颁奖会上，大家多数都在谈论当时的道琼斯股指在狂泻，而 A 股还没有见底，必然受其牵连。我当时是第一个发言，最后笔者给主持人权静说想再补充说明一下，当时说："我不认为道琼斯对 A 股会造成多大的危害，一是不能把道琼斯的下跌看得太悲观，为啥不能把道琼斯的下跌看作是 A 股当时 1802 到 1664 的过程？因为它们都有一个共同点，那就是跌破'政策底'。而'政策底要打漏'是各国股市的必由之路，而布什两次的救市之举就是所谓的政策底，必须打漏。目前就是那个打漏的过程。所以，我们不仅不该对美股绝望，而更应该对其充满希望。二是，中国目前需要的是稳定，需要提振信心，要不这样，在 1802 的时候又提出股市是经济的晴雨表就没有意义了。而且国务院总理温家宝同志多次提出一定要打好第一季度开局，我们又何必妄自菲薄……"事实证明，这种分析是对的。随后美股顽强地从 6000 多点到了 8000 多点，对于这些，不想去谈什么是正确还是错误，只想说："世界各国的股市都面临一个政策解读问题，政策市不是中国 A 股所独有。"

面对每一次的股市波动怨天尤人，是懦夫的表现，我们更应该做的是在每一次的波动中找出根本原因。

记得罗杰斯在给他女儿的 12 封信里就有一段话，他要求女儿们能够在将来的工作中解读好市场的信息，因为他觉得那些信息媒体都是由某些大财团把持的，都有某种利益在里面，不好好解读就很可能出现致命性的偏差。

所以，当我们面对股市的时候，最好是平静、理性地对待市场的一切。

对政策的解读不能简单地停留在逆向思维上

在股市，我们常常会听到一些股民说"要逆向思维"，这话也不错，但绝对不全面。政策永远是对的，这一点前面也谈到了，消息可以逆向思维，但也不能没来由地看到一个消息就逆向一把，那早晚要撞车的。

记得那年笔者在山东淄博为某单位设计一个办公系统，笔者是该项目的负责人，自然处处维护公司利益，不免说话让人不待见。一次，他们一位科长对笔者说：“朱工啊，我们的检察长说话是很艺术的，一次，他的司机把车的空调开得有点凉，可我们检察长没有直说，而是对司机说：‘小张啊，**这车的空调不错啊！**’司机马上将空调调小……”这句话当时听来是很不以为然的，后来在股市里赔得多了，经过的事多了，突然发现，以前对于政策的理解是错误的，太愤青，导致了对政策的理解不够全面。“这车的空调不错啊”这句话，不同的人听了会有不同的结论。让我们来从前面讲述的“厚黑操作”角度来理解这句话。首先，就这句话本身来说，肯定没有错。我们如果把这句话当成政策，“没有错”也就是说不要怀疑政策的正确性，至少在一定的时间内不要怀疑政策的正确性。在这个前提下，我们再来从不同的角度进行解读。A司机听到后，认为检察长在夸他，于是采取了加大空调的动作，那么结果就会是——下岗。B司机很乖巧，他能理解中国文化的内涵，听到这句话后马上将空调开小点，并会在口头上说一些诸如“刚刚保养了，管道顺畅所致”来减轻自己的过失，那么这个司机就会继续工作，还有可能被提拔。另有一些人会很高兴听领导的这句话，那就是欲买车的人和卖车的人，你想领导都夸该车的空调好，那这个车的空调系统就是好。

经过熊市的股民，都对一些原来的领导的话不陌生吧！好好想想，他们的话，你该怎么理解呢？这些说话分量不小且很有号召力的退下来的领导人，往往是在股市下跌到股民嗷嗷待哺的时候才大肆出现在媒体上的，而且都是以一种“我是散户的保护者”的姿态出现的。但是，你一定要记住，在媒体炒作这些重量级人物的谈话时，必有短暂的整理给你一种止跌的味道，但这恰恰是天大的陷阱。

我们在解读股市信息的时候，不是什么人的话都用一个模式来解读的，要分人分环境分地点，还要考虑盘面这个因素。

本章小节

- 中国股市往往是因为要解决某个问题而产生一波行情，行情的大小也就取决于要解决的问题的大小和影响力。
- 政策底必须打漏。
- 理解政策底要注意谁说的？什么场合？股市是什么价位？
- 理论价位真正达到后，肯定会沿原有趋势再上行或下行一段。
- 政策解读不能简单地停留在逆向思维。
- 股市是一个复杂的东西，又是一个简单的东西，简单到只有买卖二字，复杂到了社会、人性、自然、战争等等。

第四章 历史是可以重复的

——重温2008年、2009年股市大戏

第四章　历史是可以重复的

——2008 年、2009 年股市大戏

政策解读要注意其联系性

当我们走过 2008 年的时候，不堪回首中是不是能留下点可以传承下来的财富，我们是不是更应该去梳理一下是什么在作怪？

2008 年的熊市是一幕大戏，市场演绎得淋漓尽致。这种大戏在将来的岁月里是否还会不断地出演，我不得而知，只知道至少在很长一段时间内，我们面对的市场仍旧是新兴加转轨的市场，我们仍要为国企脱贫奋斗。

2008 年这出大戏的戏眼就是中石油，其主题就是股权分置改革。可以说，中石油是揭幕者也是闭幕者。前面已经说过，2008 前的牛市是为了股权分置改革，以深发展股改告一段落，先是上演了 5.30 股改阶段性的胜利，而随后的人造牛行情恰恰是我前面说的“国有股利益最大化”的结果。可以说，没有这一点的指导作用，就不会有 6124 点。随后一年的时间，大小非才有了绿色的出逃通道，随后每一次整数关都是大小非顺利出逃的好时机。因为，

我们在面对股指从6000点跌到5000点的时候，会觉得有利可图；跌到4000点的时候会认为跌得差不多了；跌到3000点的时候会坚决地认为都腰斩了，该重生了；跌破2245点的时候，专家说了“跌破2200点就是耻辱”，于是，大小非就在这种步步都有希望中，顺畅地将筹码交给了市场，也实现了国有股利最大化；跌破2000点的时候，散户开始了交出筹码的运动，直到牛市再度光临也不敢相信熊走牛来。

最典型的例子就是2008年的6月10日，那天整个大盘K线图出现了罕见的大型岛型反转。就上午的走势，当时我在博客里说岛型反转已经成立，下跌量幅将到2700~2800点，可是当时北京一家电视台的午间财经节目里却从数据出发说午后在量能的支持下快速回补缺口。但事实还是没有回补，反而加大了跌势，我想作为专业人士也许不能说他是故意，因为谁也说不清后市，但如果说他不是故意，那就只能说市场跌到3000点附近的时候，让人们凭空产生了许多的联想，而这种联想多是认为“已经跌了6000点的一半了，抄底盘该出来了”。可以说，如果不是6124点，大小非出货不会那么简单。不过从长远来看，长痛不如短痛，趁着金融危机，充分换手后的中国股市也许更有前途。

那么这出大戏到底是怎么演绎的呢？

股权分置改革，这是关键的主题，不能改变，谁也改变不了，但改革不能损伤国家利益最大化这个不变的真理。改革成功不能只是停留在全流通上，还要流通畅快。你倒是全流通了，我国有股(大小非等统称吧！不大科学)出不去，不是和没有改一样吗？有了这个思路就有了下面的步步为营。这出大戏，你看不到导演，但你可以看到“群众演员”在媒体上为演出大张旗鼓地宣传，咱们下面一一道来。每次我在和朋友们聊起这些的时候，他们总能耐心地听下去，因为，这虽然是历史，可没有人给他们完整地重现，而每次的重现，又能让他们在随后的行情里规避许多的结构性风险，可以说忘记历史就是忘记耻辱。

大戏主角——深发展股改

深发展股改成功是这出大戏的根本所在，这个是我一个没有一点专业经济学知识的人在2006年都能认识到的，那么作为专业的经济学家们绝无可能体会不到的（这一点我还是有点自知之明的，毕竟经济学家混到家这个地步也不会全是靠高俅那样骗来的，即使是高俅之类的人也确实有高超的球技做后盾）。可是，在5.30的前夕，大家回味一下，是谁在高喊筹码的重要性？是谁在高呼不要把筹码给QFII，以此煽动民众情绪。记得5.30前的一周，股市里小陈拉着我的胳膊说："朱哥，你过来看看这个人的博客，他全是为咱们散户在说话……"我这人不喜欢看别人的博客，不是清高，确实是因为自己本身弱点太明显，怕看了别人的言论之后失去自我。可是，他非要我看看去，我看了一眼，短短几篇文章，点击率就达到了七八百万，我第一感觉有人在炒作，第二我看到文中一句话："……打死都不要将筹码给QFII……"我马上关了该博客，对小陈说："我劝你以后不要看这个了，煽动民众情绪一点都没有用，他要是真的能做到保护散户，就不会在这里说了。还有，今后不要看两极分化的博客，股市分析没有绝对，只有模糊。"

5.30是大家永远的痛。不过，相对来说，这次的股灾，大多数都在一个水平线，只是之后对待下跌采取的措施不同而已，这也算是少有的一种三公。5.30的股灾是股权分置改革告一段落和获利盘的双重压力导致的，但之后的行情大家是不是该好好想想都是一些所谓的通胀受益板块在作祟。可谈到通胀，你是不是想到了一位著名的地位不菲的经济学家从2007年初就高喊的泡沫啊！说起这位地位不菲的经济学家，我是真的怕了，他的每一次出台讲演讲话，都能让股市为之肝颤，但往往是给主力挖坑，大家今后还会遇到他的言论，小心躲避。

但是5.30之前的一些细节大家也许更应该引以为戒，我在5月23日写

了一篇博文，就是 5.30 前的心理写照，内容是这样的：

《5·30前的心理写照》

黑色的礼拜二没有出现，黑色的心情倒是弄了一大堆。高开留下缺口一个，把大盘抬高，随后的走势主要是在4100和4130间震荡，大盘“心随所动”地随着权重股(尤其是金融股)起伏而波动，最后一小时的走势让我有点担心和充满希望，但因时间太短，不能有效确定。

在闭市后，有网友给我说财政部已经出来辟谣，目前暂不增加印花税！最初有网友提到提高交易印花税的事是在中午，我不大相信，直觉就是：管理层刚刚才打出加息的组合拳，不大可能立刻再打出更加重磅的拳来，否则管理层的调控措施也太不值钱了。况且，这样的话对股民也确实太残忍，但后来在将近3:00时又有网友告诉我确实要增加交易印花税。我有点茫然，但随后也想，前面曾提到过，管理层增加印花税的可能是很大的，最后很有可能出台资本利得税，但就是感觉有点太急而已。最后，这些都是一场空。我发现网友又给我打出来的信息是那个财政部辟谣的网页，形成时间是14:25。眼睛一亮，原来如此，这最后的一小时的走势，看来有人早就知道财政部辟谣的事情了，那么11:00到14:30的走势就是顺理成章的了。

连续2天的走势，可以看出来管理层呵护股市的决心，这从财政部没等黑色礼拜二出现就防患于未然地提早出来辟谣也能看出来，那么我们有理由用美好的心情期待今天的股市行情。

但是，辟谣归辟谣，我们说印花税的增加是早晚的事，也就是说调控股市的走势是越来越明显的，也许这给我们提个醒：随时关注大盘的盘面。好事传得慢，小道消息倒是瞬间传播全球，用心何在？只有自己判断了。

其实，当市场处于悲观和兴奋的时候，出现的一些谣言，最好要重视，特别是能造成盘面波动的更要注意，对于那些辟谣的要特别重点注意。你之所以恨 5.30，是因为你觉得辟谣后怎么还能转眼成现实啊？但在出台利空和利好之前，盘面上都有显著的异常，我们只需稍微加强看盘的功夫就可以发现。不难，你也能。

中国神华的"还不够满意"

5.30 后，大市值板块鹊起，这让管理层有点坐不住了，于是决定推出主角中石油。中石油是这出大戏关键的关键，为了这位主角的出台，管理层绞尽脑汁，在口号和行动上双管齐下，做得可谓滴水不漏。

2007 年 10 月 9 日，在董事长陈必亭敲响上海证券交易所的开市锣之后，首日上市的中国神华(601088)直接从 68 元开盘，最终以 69.3 元收盘比 36.99 元的发行价格高出 87.35%。陈必亭评价说："这一价格在预料之中，但还不够满意。"请注意，这句还不够满意的话，是这出大戏的最佳台词，而且市场的资金也给足了这个经典台词短期的支持，随后连续 3 个涨停板，最后高开收阴进入漫漫黑夜。(图 4-1)

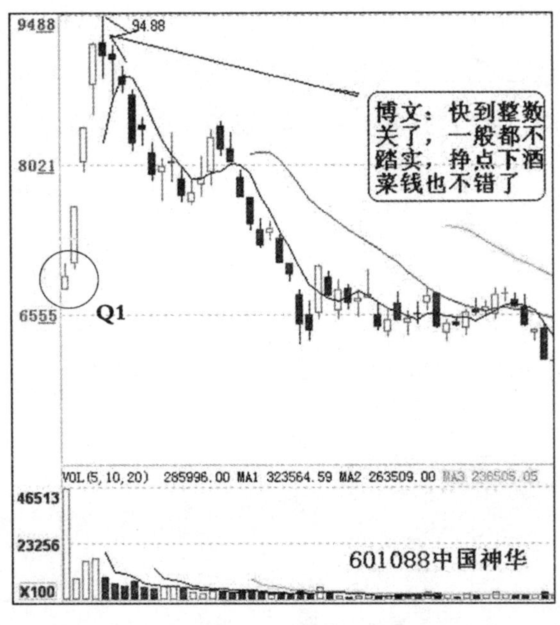

图 4-1　中国神华 3 个涨停后跌入漫漫黑夜

我们往往埋怨自己不会卖,实际上“贪食”却是自己最大的问题。比如上图(图 4-1),连续拉升后,出现 2 个高位的整理,这个一般是允许的,暂时可以看成主力在洗盘。但是,在随后却出现了跳空低开(见图中实体 K 线部分)。这就要小心了,以后碰到这种图形,尤其是前面短线拉升的股票,出现这种形态就要考虑出来规避。

我们在进行信息解读的时候,需要随后的走势来验证才有效果。比如对那句话的解读,如果没有第二天(见圈 Q1)的高开,那就是短线的假话,而非短线佳话。这种 K 线形态,大多数情况下以高开在前一个 K 线的上影线里面最佳,哪怕是只高开一分钱,高开太多了反而有诱多的嫌疑,不过对于高开太多了的情况也有修正的可能,那就是高开太多后最好能收 6 点以上的大阳,不然你选择回避为最佳。高位阴线这一天,我在博客里说:“**神华,因为今天就面临能否进入百元俱乐部,必有一番震荡。如果接近百元就先出来,提现喝点小酒,也许酒醒之后,再说不迟。**”这里给大家一个小提示,**股价在一些整数关的时候都要小心一些**,像这个神华,短线涨幅巨大,同时面临百元大关,出现震荡是大概率事件,最好的办法就是先行规避,不参与调整才是规避风险的最佳之路。许多股民都会将赔钱归罪于自己不会卖,可卖出岂是有固定方法的啊,只有在心态上多磨合,能够舍得才是你会卖的基础。

这里面神华有几大看点:

- 36.99 元的高市盈率的发行价,加上随后的大涨,如果你说相对整个市场市盈率低就有点牵强。
- 68 元的开盘价被其领导定义为“还不够”,这无形中是说只有涨才是对的。
- 为重点要上市的大块头股票中石油开创一片好天地。

亚洲最赚钱公司中石油闪亮登场

可以说，没有中国神华的“出色”演技，就不会有全国股民热捧中石油。记得在 2007 年 4 月底的时候，在四川宜宾，当时那里的朋友给我说：“将来要上市一个石油的股票（他也记不得叫啥大号），我们这里的证券公司说要抛掉所有股票去申购，不能中签就在开盘的时候买入……”那是我第一次听到石油，还真的不知道是中石油。之后，我也对该股倾注了很多的期望，但是，后来的八字口号“低价发行让利于民”让笔者感到了不舒服，原因如下：

1. 股市有风险，投资须谨慎，怎么可能让利于民？那样的话，还是股市吗？倒成了福利机构。再说了，什么时候说保护中小投资者，最终中小投资者都有不小的亏损，这4个字太不可信，于情于理都不可信，这4字是我厌恶中石油的第一步。

2. 低价发行，很不合情理。那个时候刚刚高价发行了中国神华，中石油号称亚洲最赚钱的公司，要低价发行，而不是亚洲第一最赚钱的中国神华却要36.99发行，这反差也太大了。

没有这种反差，散户也就不会热衷于后来的中石油，可以说媒体在这方面起到了最坏的作用。中石油果然是低价 16.7 发行，也许按照当时的行情，40 也能发行，可这次为啥背离了圈钱的轨道？其实不是背离，只是散户心态背离了，不过这种散户心态的背离，让那些大资金在中石油上赚得踏踏实实，太低的发行价加上 48.6 的开盘价，让中石油一下子锁定众多的资金，那些中签的股民，也因为这个反差而始终不舍得抛弃中石油，这就是大戏要达到的高潮。

这里给大家一个小提示：**对于一些重点股票要从头到尾给予重视，你可以不做他们，但不要轻视他们**。前面说的深发展和万科、平安、浦发、石化、三

大行、国航、中国建筑等，还有一些代码特殊的，如 600519 的茅台、601888 的中国国旅、002001 的新和成、300001 的特锐德等等，你都要给予重视。往往这些股票的上市具有一种“开创”意义，这就是中国特色，用他们来演绎一种政策的体现，大家在每天的看盘中也许多数是看盘中的涨跌，但是一些细节你关注了吗？记得在 2008 年央视 2 套的《对话》节目里我就对投资者教育问题发表了自己的看法，我认为与其大张旗鼓地教育股民注意风险，不如切实地给股民一个基础知识。我举一个简单的例子，那就是每天开盘前的集合竞价，如果你真的理解这个集合竞价，就不会被市场虚假宣传的中石油套上。

中石油上市交易第一天的集合竞价时间，我特意看了看。

然后对旁边的赵大姐说：“大姐，赶紧卖掉你中签的中石油！”

后来成交后，赵大姐问我：“老朱，都看好他，你怎么让卖掉？”

我说：“大姐，如果人们都看好他，而且散户都盼望着买入他，那么你看集合竞价的时候，那个成交手数为啥增加那么快？那么是谁在卖？只有机构在大量卖出一种可能性，因为太统一的散户就是主力机构的案板肉。”

中石油，48.6 和 16.7 的差额，让散户在步步回调的时候一直在计算“我还赚不少”，这样的想法让散户一直不舍得抛掉中签的中石油。那你说，中石油中签的散户怎么能挣钱啊？后来有一天，原来股市的一位王师傅给我电话，我问他中石油怎么办了？他说破发前赔点手续费卖掉了所中的 2 个签，唉，这叫什么事。

之后中石油的走势就不多说了，后来在 2009 年 1 月 12 日股价到了 9.99 的时候，我当时在博文中说这个 9.99 不一般，也许是一个大势转好的迹象。当时是这样描述的：

《10:14 看中石油来琢磨大盘》

中石油最低探到9.99，真的需要999救护车来救了，随后他走出了盘整向上的行情，大盘也许会在这个病人的带领下企稳的。

这段话反映了我每天在盘中关注的东西都会或多或少地和中国文化结合起来，也充分说明了中石油的分量，而 9.99 的中国特色的价格是这一切的诠释。盘中你非要理性地去分析股市，不一定有这样的分析来得实实在在，这不需要太多的专业知识。

中石油将来会如何？就当初中石油上市前的推介主题词“价值投资”和股民被套的 48.6 来说，将来中石油达到百元不是笑话，毕竟按价值投资的路数套上你，这只是暂时的，如果最后不让你在时间换空间的交换中获利，那价值投资在中国股市就是最大的欺骗。你觉得会让你带着这样的愤恨离开中国股市吗？不能，好，那就到百元吧！将来的股市牛市终结者我觉得是中移动的回归和中石油的百元的到来，虽然现在就有好多人在鼓吹红筹股回归，但我觉得管理层不太会立刻让红筹股中移动进来的，这是一个重要的筹码，轻易不会甩出来的。

对于中石油的百元论，说出来没有一个人能不笑，笑我痴笑我傻，可市场就是市场，既然他 48.6 都敢开出来（不是你散户开出来的吧！是奉价值投资为宗旨的大机构玩出来的），那么百元就断然不是不可能。

言归正传，继续这场大戏，5.30 前后的“股民风险教育”和“基金注意风险的教育”两面大旗分列两旁，中国神华开路，中石油闪亮登场，从此调整大幕开始步步为营地进行下去。这时，另一个关键人物出场了，他就是中国平安，虽然是民营企业，却带上了“中国”的帽子，足见其来路非凡。别看其只是在 2007 年 3 月 1 日出生，却能在此时口喘大气地喊出来要增发 1600 亿，就其出台的日期来看，技术上空头趋势明显，投资者望而却步。在其公布增发计划的过去两个多月里，走势一直疲软。上证指数分别于 2007 年 11 月底和 12 月中旬探到 4800 点左右，其后回升，2008 年 1 月 11 日已经反弹到接近 5500 点。与此相对应的是，中国平安却呈现缓慢下降趋势。而 1600 亿比中石油和中国神华 IPO 之和还多，这种计划基本是要被否定的，从这一点来说，平安作为资本高手，不可能不知道其中利害，上市不到一年，分红区区了了的,也不可能有多少机构追捧,其股价领跌于大盘也是机构资金不看好的明证。所以,我觉得平安增发是大调整的引子,但这有个好处,可以在市场上掀起血雨腥风,再配合股价的下跌,给人一种快见底的印象,反而使得一些资金在随后的打压中逐渐进场抢地盘,这对大非又是一个出逃的好时机。在市场媒体热烈抨击平安增发的时候,平安的解释"为了适应金融业全面开放和保险业快速发展的需要,进一步增强公司实力,为业务高速发展提供资本支持,公司拟申请增发 A 股"显得唯唯诺诺,但伴随着争论,股市水银泻地般地跌了下来。

中石油破发后的再次"股市晴雨表"

转眼到了 2008 年 4 月 18 日，这一天中石油终于撕掉了最后的一块遮羞布,破发了,套牢了一干散户的心血。这一天是周五,正好我有幸参加"首届博客精英颁奖会"并获得奖杯(其他三位财经博客博主是叶檀、馨月和凯恩斯),在那次大会上,我说:"先不管牛市熊市,我只想说下周看好,我的理由如下:央视 2 套《对话》节目本来在上周播出,但是被推迟到后天播出,这期节目里三位嘉宾是金岩石、老沙和左安龙,他们三位到目前为止可以说是股市中三位看多的重量级人物。那么我们可想而知，这期节目的看多氛围了。可是,大家看看本周的走势,哀鸿遍野,就连中石油都破发了,显然这档节目不太适合上周末播出,既然拿到这周周末播出,那么下周看好。"通过一档电视节目来预测后市的走势,我也算第一人了,但后来的事实还真的是那样演绎的。井喷后走出著名的岛型反转,这期间让多少股民憧憬着幸福的未来,因为有人救市来了——印花税下调至千分之一。但是,请记住"厚黑操作"的一个原则——"政策底必须打漏"。这次的救市就是一个政策底,必须打漏,随后的岛型反转在技术上又再次给你一个政策底必须打漏的教训。

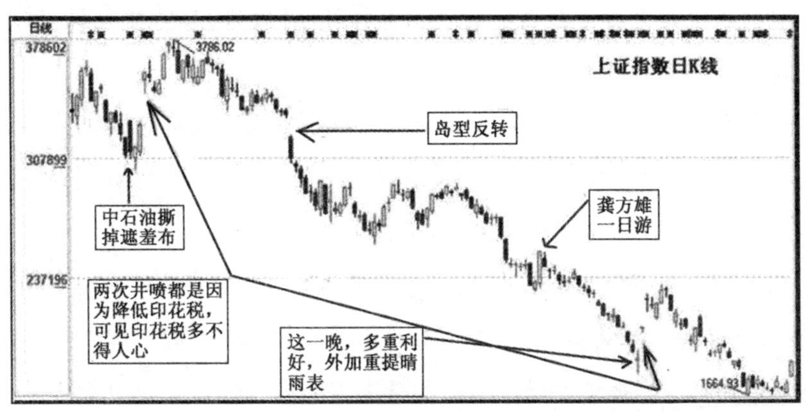

图 4-2 平安增发

图 4-2 是平安增发大忽悠之后的全景图，中石油撕掉遮羞布是一个关键事件，随后为平复民心而将印花税降低至千分之一。老实说，这种降低只不过是抚平一下自己 5.30 的半夜之事而已，利好因素不是太大，但被主力资金演绎得跟真的似的，随后岛型反转继续加速下跌也就势在必行了。到了 2008 年 9 月 18 日晚间，出现了再次的利好。

《三大利好齐发促股市健康运行》

从2008年9月19日起证券交易印花税只向出让方征收，国资委支持央企增持或回购上市公司股份，汇金公司将在二级市场自主购入工、中、建三行股票，并从2008年9月18日起有关市场操作等利好“组合拳”开始亮相。

证监会新闻发言人表示，上述措施对于资本市场稳定、健康运行具有重要作用，积极支持。

经国务院批准，财政部、国家税务总局决定，从2008年9月19日起，调整证券(股票)交易印花税征收方式，将现行的对买卖、继承、赠与所书立的A股、B股股权转让书据按千分之一的税率对双方当事人征收证券（股票)交易印花税，调整为单边征税，即对买卖、继承、赠与所书立的A股、B股股权

转让书据的出让方按千分之一的税率征收证券(股票)交易印花税,对受让方不再征税。

国资委主任李荣融昨日也表示,国资委一贯强调国有企业尤其是中央企业要成为推动资本市场稳定发展的积极力量。在目前股市低迷的时候,国资委支持中央企业增持或回购上市公司股份。

李荣融强调,中央企业所控股上市公司要成为资本市场的表率。总体上看,我国的经济形势是好的,中央企业的生产经营也是好的。国资委支持中央企业根据自身发展需要增持其所控股上市公司股份,支持中央企业控股上市公司回购股份。他同时表示,中央企业增持或回购上市公司股份希望能得到金融方面的支持。

中央汇金公司昨日也透露,为确保国家对工、中、建三行等国有重点金融机构的控股地位,支持国有重点金融机构稳健经营发展,稳定国有商业银行股价,中央汇金公司将在二级市场自主购入工、中、建三行股票,并从即日起开始有关市场操作。

证监会新闻发言人表示,促进资本市场稳定健康发展是党中央、国务院既定的战略决策。目前,我国经济总体保持良好发展态势,继续朝着宏观调控的预期方向发展,资本市场发展具备扎实的经济基础、制度环境和内外部条件。下一步,证监会将按照远近结合、统筹兼顾的原则,进一步强化市场基础性制度建设,加强和改进市场监管,健全和完善市场内在稳定机制,推动我国资本市场稳定健康发展。

这次是真的利好,也确实是一个真真正正的政策底,这个政策的出台时间应该说是晚了点,应该是在著名的“龚方雄一日游”附近推出才对。因为那时,有一本著名的主流杂志刚说“某些机构及股评家不负责任地‘大胆’将股市点位预测到2200点甚至到2000点以下,这无疑会冲击投资者的信心。股指处于中期大底阶段,市场极度恐慌之际,任何不负责任刻意的预测看空是不可取的”,这重大利好“扶持政策”就恰恰让摩根大通经济学家龚方雄一份“中国将出台数千亿元经济刺激方案”报告给率先捅了出来,这应该是造成了很大的被动吧！(我猜我猜我猜猜猜。)对于 2200 这一点，我在博客里是这么说的："2245 点怎么可能是分水岭，只能是一个参考点而已。既然有勇气染指，就有可能落水，因为从昨日盘面来看，下跌的动能仍充沛，比如中石油似乎还有不小的下跌空间。大小非被李主任定义为控股不会出逃，可最近下跌多是来自于基金重仓股，怎么解释？我倒是觉得茅台的补跌破百元才会显露机会。2245 只是一道维稳的标签，还达不到防伪的程度，有可能起到堰塞湖的作用，但需要政策的疏通才有可能安全。但从大环境来看，忙于打嘴仗的时候，不可能出台的，所以 2248 只有可能是暂缓。从昨日尾市盘面来看有这种可能。"其实，再怎么也没有那么说的，为啥预测 2200 点破掉就是不负责？这是哪家的规矩？所以，这种只动口不动手救市的言论必会跌破，我当时在 2008 年 9 月 3 日写道："自大奥运行情失败后，市场上的笑话就不断地出现，但笑话归笑话，市场在奥运后经济不受影响的轰炸下选择了晴雨表的走势，一如既往地到了'牛熊重叠'之父说的 2245 点。当然今天的 2248 点还是高了 3 点，在距离 2200 点咫尺之遥的时候，今天中午网站迅速用'看空 2200 以下就是不负责任'吸引了人们的眼球，但这个说法基本等同于维稳，将来也许还会是笑话收场。"这是表达自己对这一说法的讽刺，但这种言论还好没有再次忽悠大资金大面积地进场。但是，我们应该从这句话里体会出什么来，才不枉笑话一场。这就要结合前面两次救市之举来看了。你想多次救市，居然越跌越猛，那么再跌就有点脸面挂不住了，说不负责任也就可以理解了。

后来在探底 1802 的那天，我用了《黑暗中的一点亮光》来诠释我对那天的盘面的感觉，博文是这么说的：

《黑暗中的一点亮光》

今天是九一八纪念日，今天的大盘也让人想起了死难的同胞，神秘的资金不太多，但做的事很有目的性，1800差2点不破，这让人不敢掉以轻心，但

是探底1802.33后的走势又不能让人完全信服。盘中曾附上一张图，其中的红线尤为重要，最后的关头还是因为没有成交量才又回到红线之下，那么今天两大波拉升是不是诱多呢？我看没有机会，第一波的拉升，因为量不大，并且上面的缺口没有回补，不可能让人轻易地走进去的。后来2:00前后经过短时间的盘整又一次出现大力度的拉升，这次是补缺口，但因为太直了，又没有相对应的成交量支持，也很难让人信服，最后半小时回踩红线1903，在此处犹豫一会儿后还是决定下探，红线支撑失败。从尾市的成交量来看，没有多少，还是反映了市场不会因《人民日报》的《A股具有投资价值了》的文章而认为目前的A股有价值。

但是，感觉可遇不可求的反弹转折点是越来越近了，今天就像是黎明前的黑暗，只是还不太肯定这个黑暗的长度，不过连续一天比一天量大是事实的存在，这就是关键。

当市场信息不对称的时候，盘面感觉是提前一步的关键所在。那天的盘面明显有种托得住的感觉。9 月 18 日晚上公布了印花税单边收的利好，同时，新华社再次提出晴雨表，这引起了我的更大的关注。这次的救市就是弥补前面龚方雄一日游的尴尬。从其他方面我了解到，本来那个时候正在商讨救市措施，但被龚方雄提前了，这反映了信息不对称，不是老子无能，而是鬼子狡猾。

这次的救市，还是要失败的，但是掩盖不了政府救市的决心，打漏只是股市的规律而已。我在 2009 年 2 月 21 日的新浪十佳博主颁奖会上对一些“美股加速下跌会影响到 A 股”，“两会期间做多”，以及“两会之后卖掉股票去旅游”的言论给予了反驳，因为我觉得美国两次救市形成的政策底必须打漏，不仅不能对美股感到恐慌而应该给予它更多的希望，另外谁都知道两会是建言建策的时候，一般不会有行情的，随后的事实也证明了这种分析，美股从 6500 点短期涨到 8000 余点。

在 1802 点救市后，还是被无情地打漏了，这就是市场的力量。对于这一点，读者还是要牢记，今后仍会有政策底之说，千万别以为真的救你到永远，注意把握波段。在 1802 点再次打漏以后，市场已经相当的严峻了，2008 年底，经济危机的阴影在人们的心中烙下了很深的印记，对于中国这么一个人口众多的国家可不是闹着玩的。但是，股市就是股市，他领先于经济的步伐，大家一定还记得，2008 年 9 月 18 日晚间几大利好公布的同时，新华社重新说出股市是实体经济的晴雨表。这对于那个时候的股市和实体经济来说真的有点滑稽。但是，我从那天开始，已经不觉得他是滑稽的了，通过后来的市场，我们会发现，晴雨表在救信心这个层面简直就是天衣无缝。记得有次和废品收购员聊天，我说你们怎么价格这么低了？他马上回答："嗐，你看现在股市都什么样了？我们能不降吗？"看，这就是股市，生活中没有人能再离开他了。那么，后来的行情好了，人们对待经济危机的恐惧也就渐渐小了。

不过，我们还是来好好地梳理一下那个时候是什么样。我在元旦放假的第二天，写过这么一篇文章：

《救信心行情》

节后的第二天，面对仍然吵吵嚷嚷的股评界，不知道该说些什么好。第一，已经放假了，再讨论持股还是持币都无济于事；第二，仍然没有切中要害。一直以来，坚持明天的市场归明天的市场，今天及以前都是明天的借鉴而不是依据，因为依据是要得出结论的，然而谁也得不出明天会怎样走的结论。故，大家还是慢慢体会，能分析出影响明天走好和走坏的条件就很了不起了。至于哪个概率大，则又回到了"明天是涨还是跌"的怪圈里，今天写的不因节后的走势而改变。

本轮行情也许有很多因素，但我个人坚持只有一条主线，那就是信心俩字。10月24日胡锦涛主席在第七届亚欧首脑会议开幕式上发表题为《亚欧携手合作共赢》的致辞时说："在此关键时刻，坚定信心比什么都重要。只有坚定信心、携手努力，我们才能共同渡过难关。"随后，大盘进入到最后的打压建仓期，并在创下1664点后推出了4万亿的救市计划。那以后，每当股市出现回调，总有人出来计较4万亿有没有落实到位，其实这完全是一种误导，因为4万亿的救市计划是配合胡总书记的拯救信心而推出来的，与落实不落实还没有太大的关系。

后来，股指出现回档，并且在央行特大“双降”后走出罕见的大阴。这说明市场已经很严峻，信心需要重塑。11月28日胡总书记说“目前相当严峻”，此言一出，大家想想，还敢胡来吗？于是，大盘走出一轮升势，连拉6根阳线，股市又开始了回调走势。12月10日中央经济工作会议上强调“增强宏调预见性针对性、努力提高实效性”和后来的12月19日的“不折腾”，大家闭上眼，想想这两句话到底是对谁说的？

“提高预见性”：

这是对以前鼓吹的“美国次贷对中国没有多大影响”，“传导不会传导得那么快”的直接否定，也是对那些经济班子的预见性差的批评，从那个时候开始，早期的经济学家的话不会再受重用，而恰恰此时请出吴敬琏老先生，他说救实体经济要先救股市，这是一个转变，要领会，提高预见性不是对基层说的。

“不折腾”：

总书记用了一个大家都认识的词来说，这是对基层说的。也就是，救市后市场却仍然岌岌可危，原因是下面的人没有去执行。大家好好想想，从那以后，央行开始喋喋不休，证监会也开始了改变，在年底前最后一次降息的时候，央行周行长在12月31日股市收盘后，说“要落实货币宽松政策”。要知道这之前，央行只是高举双手热烈拥护和支持4万亿救市政策，而这次，是在得到“不折腾”的警告后，主动站出来说要落实了，这是质的变化。我记得，“不折腾”是在纪念改革开放30年的大会上，后来紧接着就是打击腐败大会，这样看来，“不折腾”就是要大家齐心协力共渡难关，这已经是对那些预见性差的人的最高奖赏了，再折腾就有影响改革开放的嫌疑了。

到了1月20日，温家宝总理的“一季度经济要有良好开局”算是对拯救信心的一个总结发言，从中我们可以感觉到，第一季度是拯救信心的关键点，如果把握不好，可能就会逆水行舟不进则退，到那时，覆水难收，还能有多少4万亿来补这个窟窿？所以，对于股市的涨涨跌跌，最好寻找一个心安理得的理由来指导的分析和操作。好了，以后再谈。

2008 年砸锅卖铁买平安和 2009 年头部的技术预警

2007 年牛市的起始源于尚福林的“开弓没有回头箭”，而 2009 年的行情起始于外出进行国事访问的中国总理温家宝。中国新年第一个上班日，总理询问身边人员：“今天股市怎么样？”对于这一点大家都持有疑惑，我是这么解释的：国外调侃领导人是常见的事，但国内绝对不允许，那么总理的这句话应该是个笑话，可居然有媒体，而且是主流媒体头版刊登出来。那么你就该理解为反常，而且还问的是股市行情。那么，这就是表明上层对股市的关怀热度。有了这一点，你还要看空股市，那就只能是逆势而为吧！

假如没有 2008 年 12 月 31 日收市后央行的“落实适度宽松的货币政策”的话，就不会有 2009 年的行情，但是，扪心自问，我们搞好了 2009 年吗？当股指在 2009 年年初震荡的时候，你是否能坚定一种向好的信念？恐怕好多人没有。其实，2009 年的行情还是很好把握的，问题是你能否抓住一个主线。抓住主要矛盾问题就很好解决了。就 2009 年来说，救信心是贯穿全年的主线，而行情也随着这一点走下来。第一季度是最难熬的，因为 2008 年的熊市将股民的思维从牛市转到了熊市，而熊市思维又很难转弯。所以，第一季度对于股民来说很艰难，但是，你只要记住总理的那句“努力打好第一季度开局”，就不该对第一季度有任何的怀疑。在第一季度的经济数据出台后，对经济数据的解读是第二个关键点，其中就有“民间投资意愿不强”这个说法。这是一个字眼，只要有这个，行情就不会完，大家厚黑点理解这一条。每次的行情头部都是散户在站岗，那民间投资意愿不强的后果就是民间的资本还

没有进来，不进来，行情就继续。到了第二季度的经济数据出台后，仍旧有这一句，那么行情还是会没事，不过到了 7 月底，大家是不是感到有点异样了？《新闻联播》里有一个镜头。就是广东招工难，这反映出人们敢投资了，不然开工率不会大的，开工率不大，招工就不会难，既然招工难了，那就是开工率高了，也就是说救信心到了一个段落，出现回调震荡也就顺理成章了。而在 2009 年 7 月 29 日大盘出现了一次急速下探，收长阴，跌破趋势线，虽然随后大盘顽强地收出三连阳，并创出 3478 点的反弹新高，但终究还是回调了。

这幕大戏中感受头部有几个技术要点需要注意。

技术要点 1：一波中级行情，一般都有 3 段，上升斜率逐渐提高，如果最后一次形成的趋势线破掉的话就要斩仓出来。见下图：

图 4-3 中级行情的 3 段

技术要点 2：头部，这是一个不好回答的，但不是不能感觉的，像下跌形状岛型反转就是一种（这个在第六章有详细解释）。另外，**头部从盘口也能感觉得到，如涨得有点莫名其妙；趋势线跌破；K 线形态异常。**比如 3478 那天的 K 线，见图 4-4：

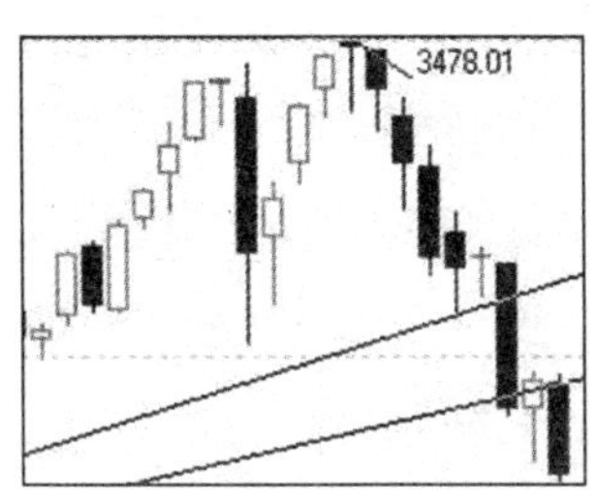

图 4-4 头部

连续 3 天阳线，第四天出现长长的下影线，给人一种下档买盘很强，但是这种 K 线形态要看在什么位置，像这根，就是不好的位置。已经从 1664 涨了那么多，如果你有很强的买盘力度，为啥才收一个小星星？为啥做多还要给市场宣布出来？这很不符合庄家或大资金隐蔽作战的定律，所以，我在当时的博文表达了自己对这种 K 线的不喜欢。**因此，我们在每天的跟盘中，除了盘中的，还要从厚黑的角度给予心理方面的解释才有奇效**。

在 3478 点的第二天的博文里笔者是这么说的："单纯就目前的 K 线形态来看，不是太好，尤其是今天实体 K 线的小缺口。在 11:00 的时候，明显乏力没有能封补，随后权重股选择了打压。"

一般主力资金在早盘就该做出选择，这也就是为啥要注意集合竞价的原因，尤其是集合竞价的第一笔成交量。一般是这样的，**如果今天的集合竞价成交量大于昨日的第一笔，那么今天走好的概率就大，这主要是主力想做的事往往在集合竞价里进行的感觉**，因为可以不影响盘面，所以，盘面给你下档买盘强烈，那就不是真的，需要引起注意。

对于 2009 年的行情，不得不说的是中国平安，同时，它也是我们如何感受市场底部的一个重要案例。

首次注意到中国平安是在内蒙古卫视的《财富非常道》里。那是在 2008 年 10 月 24 日收盘后，节目的主题词是"砸锅卖铁买股票"，是孙虹钢和笔者做嘉宾。当时在谈论这个话题的时候，笔者还想着，吃鱼要吃中段，头部是不好吃的，所以反对对所有人那么宣传，不过倒觉得要是大资金完全可以考虑建仓了。因为1802点是个坎，也就是政策底，即使跌破了也不会有太大的空间了，加之当时诸多的利好涌现，这对于大资金来说当然是很好的建仓的机会，这个时候建仓的成本也低。不过，越是底部，震荡就越频繁，散户在熊市的煎熬下，往往对下跌是麻木的，但对上涨却不适应了，往往会虽不忍但会很痛快地(矛盾吧！股民就是矛盾中出错，主力就是在你矛盾中巧取豪夺)交出手中的筹码。所以，笔者说："我觉得需要分清对象，如果是散户，那么就买平安吧！"主持人问笔者："空空，奇怪了啊，散户都很反感平安的，甚至发誓不买平安保险，可你却独独的推荐它，这是为何？"

笔者说："您恰恰说出了原因，也是最根本的原因，就因为散户不喜欢他，主力才喜欢的。"

笔者当时除了考虑这一点外，还有就是觉得该股质地不错，有一种领袖气质，试问哪个民营有他这么风光？还被冠上"中国"，大号叫中国平安。这说明其有强有力的后盾；其次就是散户在震荡不明的时候选择一个蓝筹稍微安定些。何况该股从149元跌到了22元，希望总是大于失望的。

其实，你不要动用太多的专业知识，只需考虑一些和市场关联紧密的相关内容就可以了。

之后我在CCTV的《投资我主张》里再次提到平安，并说30元以下随便买。

后来我又进一步地定义平安为行情的风向标，他也确实做到了这一点。更巧合的是，3478点的高点的时候，平安并没有创新高，随即大盘从3478点跌倒了2639点。而平安在2009年8月31日创出新低后便开始了上涨，大盘在随后的2009年9月1日也见底反弹。至于到底是啥原因造成的，我想谁也说不清楚也不可能说清楚的。在股市，糊涂点也许更安全。

因此，**当利好密集涌现的时候，股指却步步下跌，那么这距离底部就不**

远了，这个时候需要关注的是那些频繁出现涨停板的板块(非个股)，一旦成为连续性的热点板块，那么底部基本就在眼前。请记住，底部是盘出来的，不是猜出来的。

外围市场和国内市场联动的典型标本：迪拜事件

随着中国资本市场的飞速发展，与国外的联系也渐渐地紧密起来。有时外围市场出现波动，国内也随之出现波动，这都属于正常的市场行为，股市里的主力往往会利用这种情况来制造股市的波动，这就给我们投资者提了个醒：要密切注意盘面的一举一动。

在 11 月 24 日这一天，当人们在憧憬股指越过 3478 点的时候，大盘却出现了急跌，4 天时间从 3361 点跌到了 3080 点，而起初造成这种下跌是中国银行的千亿再融资计划。虽然其随后辟谣了，但是由于辟谣用词过于外交辞令，使得市场更是恐慌。紧接着又爆出来迪拜事件，这才造成了世界各股市的银行板块出现大跌。故虽然有几大银行出面澄清说和迪拜没有直接的关系，但还打消不了人们对这件事的恐惧。A 股里的平安的走势更是先于大盘进行了调整，其下跌多是因为其大股东汇丰参与了迪拜的债券，损失颇大造成的。

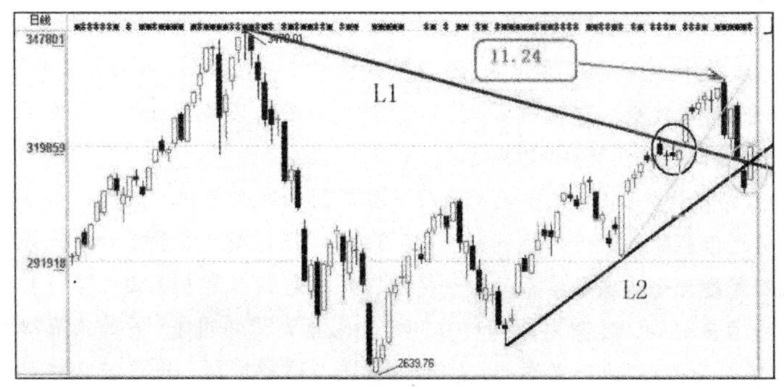

图4-5　11 月 24 日 K 线图

这是11月24日那个时候的K线图。从11月24日开始,4天就从3361跌到了11月27日的3080点。而且,这一天从形态来看黄线的支撑也跌破了,同时又突破了绿线的支撑,其形势相当的严峻。

在那个周末,传出了一个振奋的消息,那就是国务院经济工作会议的消息,本次会议明确了"明年继续保持宏观经济政策的连续性和稳定性,继续实施积极的财政政策和适度宽松的货币政策"但同时也明确了"要根据新形势新情况着力提高政策的针对性和灵活性"。这就是说政策还是要延续,但不再"铺张浪费",仍暗含某些得收紧,所以,今后的市场,概念还是第一。

在11月30日的《早盘必读》里我用《红周一,可能性有多大?》来表明我的一个态度,我是基于以下的要点才说红周一这种可能的:

"银行融资 + 迪拜事件 *+ 趋势破位",这是11月27日给出的现实,同时我考虑到之前的媒体信息,那就是一些专家和官员不同程度地大谈通胀和收缩资金信贷等,似乎经济V型后就真的没有了危险。但是,迪拜事件是个好事,也让一些人清醒了,虽然保8已经圆满完成,但是明年经济如何还是具有很多的变数。这样,周末国务院的经济工作会议精神中提出的"过早'退出'会使成果得而复失"应该是中国第一次正面对撤资给予否定的声音。这样大资金不再担心没有"钱途"了,出现阳线也就有很大的可能了。

注:迪拜事件:过去四年多以来,迪拜以建设中东地区物流、休闲和金融枢纽为目标,推进了3000亿美元规模的建设项目。在此过程中,政府与国有企业的债务像滚雪球一样不断增加,估计目前债务约为800亿美元。

债务总额预计高达600亿美元的迪拜世界集团已经对债权人提出,希望将该集团即将需要偿付之债务的偿还时间推迟到明年5月份,从而引发了投资者对其债务违约风险乃至这种风险蔓延至全球金融体系的担忧情绪,尤其是担心债务违约风险将对银行业和新兴市场造成不良影响。迪拜财政部11月25日要求债权团到明年5月为止冻结房地产开发商Nakheel及其母公司"迪拜世界"的债务,以便进行债务重组。一度被认为是危机中一片"绿洲"的海湾地区金融市场近日突闪"红灯"。阿联酋迪拜酋长国的主权投资实体迪拜世界公司欲暂停偿付部分债务的消息,令投资者对迪拜的主权信用产生严重疑虑,进而在全球金融市场引发巨大震动。

我在2009年11月30日的《早盘必读》是这样写的：

《红周一，可能性有多大？》

红周一，有多大的可能，我想还是从环境来说。先来看看，上周的下跌，因为迪拜后半周的事影响，大家对于这种国家级的诚信问题感觉到压力是非常大的。从这一点来说，纷纷在讨论救市资金是否撤资的问题，而迪拜问题又在紧张的氛围中加了一磅，我们来看看中国的反应。

当时，国务院总理温家宝29日在南京会见了欧元集团主席、卢森堡首相兼国库大臣容克，欧洲中央银行行长特里谢和欧盟委员会经济与货币事务委员阿尔穆尼亚，同他们就世界经济形势、货币汇率政策等问题深入交换了意见。

温家宝说，面对国际金融危机的巨大冲击，中国积极扩大内需，稳定外需，保持了经济平稳增长。当前，各国宏观经济政策的重点仍然应该是应对危机、刺激经济增长。过早"退出"会使成果得而复失。中欧作为两大主要经济体和重要贸易伙伴，要以实际行动共同反对贸易和投资保护主义。

这个"过早'退出'会使成果得而复失"应该是中国第一次正面对撤资给予否定的声音，然后我们通过这个表态再来看看上周的下跌，其实导火索或者说地雷还是中行的融资计划。将来中行肯定是要融资的，但是需要市场给其一个偷钱的大环境，而当前市场害怕这种大口融资，担心货币政策的收紧，于是这次的经济工作会议明确了"明年保持宏观经济政策的连续性和稳定性，继续实施积极的财政政策和适度宽松的货币政策"。但同时也明确了"要根据新形势新情况着力提高政策的针对性和灵活性"，这就是说当前政策还要延续，但不再"铺张浪费"，并且暗含某些收紧的可能，所以，今后的市场概念还是第一。

因此，周一也不是那么可怕，至少大资金应该借这次的回调换仓了，跟随结构性调整，大市值板块仍旧是今后的重点关注对象。

从上面的分析我们可以看出来，对于某些话我们需要根据是谁说的来判断信息的重要性。我们从1802点后的央行言论里就得出很多有意义的经验。大家很清楚，当初4万亿推出来的时候，作为晴雨表的股市还是下跌，而央行多次不同场合说要“支持”、“拥护”政府提出来的适度宽松的货币政策，但是，没有见到有效的行动。后来胡总书记说了相当严峻和不折腾后，央行的行长则在2008年12月31日说“落实”适度宽松的货币政策，这“落实”和“支持”、“拥护”那是有天壤之别的，落实是要有真金白银拿出来的，而“拥护”和“支持”只是停留在口头。所以当时我在博客里用“西医动刀，中医动口”来讽刺这种事。

这次仍然是这种情况，央行的一个官员在不同场合表达了对通胀的防范之心，这才有银监会要提高拨备，补充准备金之类的防范措施，这才造成了股市的大跌，而11月30日前的国务院经济工作会议的“过早‘退出’会使成果得而复失”将这一切击退了。所以说我们在解读一些政策的时候往往需要横向地广泛地加以对比和动用一些官场经验来解读。

如何结合政策分析随后的大盘呢？

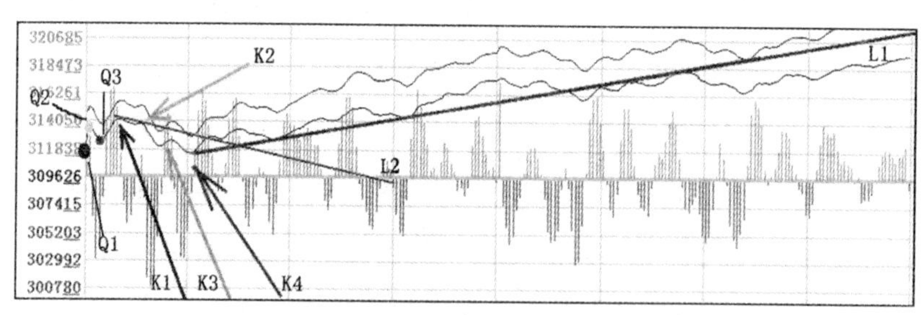

图4-6 11月30日大势分时图

这是11月30日那天的走势分时图，图4-6。有些股民很羡慕那些能在大盘涨跌中表现沉稳的人，但是，他们也许不清楚为什么，也许是知道自己比不过——那就是对大盘的把握。经验不多的股民，对于大盘的把握很是头疼，往往被大盘的波动搞乱自己的心情，做错方向。其实，看盘是一个时间上的经验活，有章可循。拿这一天的走势来说吧！

看上图，这个早盘最重要的有三点：

开盘点 Q_1+ 第一高点 Q_2+ 第一低点 Q_3

或

开盘点 Q_1+ 第一低点 Q_3+ 第一高点（注意先后次序）Q_2

● 箭头 K1 这一波是关键，不创新高将很可能带来大盘的快速下探。

● 箭头 K2 没有新高，在高点 Q_2 点附近有滞的感觉（看大盘就是要发现滞的感觉，这里是滞涨。这种滞的感觉是一种盘感，需要时间来培养。在那个 K2 箭头处，似乎股指要上去，可是就是显得很弱，这时你就会有滞涨的感觉的）。

● 箭头 K3 恰恰在高点和低点的中间部位，尤为重要，不抵抗，新低就必然出现。这是因为高点和低点之间的空间太小，一旦其中间没有抵抗，将很可能带来恐慌，那么下跌加速创新低就有可能了，这样一来，今天的行情就不会太好了。

● 箭头 K4 是今天的最关键，因为差一点新低，如果新低，说明有很大的成分是开盘高开中有假，既然 3115 点（箭头 K4，参见盘中语）有支撑，心情要好一点。

● 3115 反弹后在支撑线 L1 处遇到压力，横盘消化，也有滞的感觉，但突破了。注意一下青色线是怎么来的？

后来笔者说突破 3155 点是要给今天的安全打出一片天地。支撑线 L1 的支撑很有可能在午后打破（如果大盘不是超强的话，这条支撑线是要打破了，这还要看这条趋势线的斜率大小，太大就会早一点时间跌破）。

大盘在探底到箭头 K4 的 3115 点后出现了连续的上升趋势，尤其在支撑线 L2 处出现短暂的横盘，消化压力后，再度选择向上，这就奠定了今天走好的基础，后来再次冲破 3155 点后，行情就不可逆转了。

从上面的简单描述中你可以体会到，早盘 3 点非常重要，随后的大盘基本是围绕,并将它们作为重要参考点来运行的。这 3 个点就像花芯,后面的行情都是从它这里展开的。

那么,这时有朋友问,为什么在分析大盘时这么重视集合竞价呢?

目前,沪深市场采用集合竞价和连续竞价两种。所谓集合竞价指的是 9:15—9:25 的这段时间,其中,9:15—9:19 的挂单是可以随时撤掉的,但 9:20 开始挂单就不允许撤掉了(有的书上说 9:15 就算,我试了试,好像是 9:20 才开始正式进入集合竞价的)。大家也许都发现过一个现象,那就是有的股票在 9:15 后会涨停或跌停,而到了开盘的时候反而是跌了或涨了,与刚才的不一样了,这里就是有些主力利用允许在 9:15—9:19 任意挂单和撤单的规则,以吸引股民的眼球达到他们的目的。

集合竞价有一个常见误区,就是大多数的人不知道开盘价是怎么形成的,往往认为是集合竞价那个最高成交价,这就大错特错了。开盘价是集合竞价的时候,成交量最大的那个价位才能定义为开盘价。比如,开盘价是 9.5 元,你就是 10 元成交也不能成为开盘价的。知道了这一点,你就会明白笔者为啥在博客里天天不厌其烦地把第一笔成交量和成交价写出来了。从这些开盘价上,你可以多少了解一下大资金是看好当天还是不看好当天。集合竞价没有成交的单子最后都自动进入到连续竞价,而连续竞价遵循的是"价格优先、时间优先"的原则。

每天的开盘第一笔成交量,很有看头,假如上一个交易日的第一笔成交量是 5.6 亿,而今天是 8.9 亿,那么说明大资金对今天很看重,不然不会在集合竞价的时候成交那么大的量。但是,也不是没有特例。如果,今天的第一笔成交量很大,但是是低开,也有可能是主力疯狂出货造成的。所以,任何的结论都要靠随后的走势和大盘环境来综合分析才行。

集合竞价一般有以下几步:

1. 确定有效的委托。这一步,计算机交易系统会对那些不合格的交易委托给出拒绝的提示信息，一般能成功的就是有效的。

2. 确立成交价。首先对上面的有效委托的价格选取能产生最大成交量的价位。如果有两个以上这样的价位出现，则遵循：一是高于选取价格的所有买委托和低于选区价格的所有卖委托能够全部成交；二是与选取价格相同的委托的一方必须全部成交。如果满足以上条件的价位还有很多，深市规定选取离昨收盘价最近的价位，沪市则将几个满足条件的价位相加取平均价位。

3. 集中撮合成交。将所有的买卖委托单子按照委托限价由高到低的顺序排列，价格相同的按时间先后排列。所有卖的委托单子由高到低排列，价格相同的按时间顺序排列，然后与买单配对成交，直到没有满足条件的委托为止。所有成交都是以同一成交价成交。

4. 行情揭示，就是 9:26 显示给股民的一切。

与集合竞价相对应的是连续竞价，连续竞价就要按“时间优先价格优先”了。

集合竞价中还需要注意的是：

1. 在集合竞价中委托成交的，无论委托的价格高低，其成交价就是开盘价。

2. 也有在集合竞价的时候未能开出盘来的，在 9:30 后进入连续竞价阶段，成交的第一笔的价格就是开盘价。

3. 配股、新股申购、债券等没有集合竞价，只在正常交易时间里进行连续竞价，但可转换债券上市首日的开盘价是由集合竞价产生的，之后的交易日等同于债券交易。

啰里啰嗦地说了这么多，无非是要读者明白：**越是小处，暗藏的内容越多，越容易被忽视。**经过这么一说，大家也许就知道了开盘价是与大资金的活跃度有着密切的联系的，以后在看待开盘价的时候就会更认真，也会预测主力资金当日的大致动向了，这对于自己看清大盘是有很大的裨益的。

本章小节

- 其实，当市场处于悲观和兴奋的时候，出现的一些谣言，最好要重视，特别是能造成盘面波动的更要注意，对于那些辟谣的要特别重点注意。
- 我们往往埋怨自己不会卖，实际上“贪心”却是自己最大的问题。
- 代码特殊的股票要给予重点关注。
- 通过一档电视节目有时也能预测后市的走势。
- 你并不掌握所有信息，这时盘面的感觉就很重要。
- 底部是盘出来的，不是猜出来的。
- 集合竞价隐藏着很重要的市场信息。

第五章 中国股市最大的风险是道德风险

第五章 中国股市最大的风险是道德风险

四种模样的庄家

“股市有风险，介入请谨慎”股民耳熟能详，但是，有些风险还是可以回避掉的。道德风险源于股市的尔虞我诈，这一点不会有太大的改变。玩得太大就可能搞成股票操纵罪，自有法律来处理；但是，监管得太严，也就死水一潭。所以，大家也不要过分义愤填膺了，作为散户坚持**“我到股市不是来赚暴利的，我是来喝汤的”**，也许你就平和了。

要理清楚这个问题，还要先从庄家的形成来考虑，所谓庄家就是能够影响股价一个波动周期的那些资金调拨者，他们往往有雄厚的资金做后盾。他们在股市里一般有以下几种：

1. 单干型：仗着自己的资金雄厚独来独往，这种庄家在现在的环境下很难生存，能全身而退的不多，他们太多没有好好理解“社会是个大熔炉”，往往到最后不得不找上市公司配合消息，那时就很被动了。

2. 上市公司自己坐庄：以前这些例子不少，加上人们传说庄家都可以呼风唤雨，可以赚取暴利，此时的上市已经不是为了发展而是为了赚取更多的暴利。但是这种事的风险太大,加上监管的逐渐完善,这种庄家逐渐地少了,被其他的形式取代,但是也都和上市公司有千丝万缕的联系。

3. 上市公司找庄家:这类的苟合是常见的,美其名曰上市公司调研。废什么话啊,要是一个小散户,你会用无可奉告来打发,要是大资金你会商谈彼此的合作。公司为了某种目的,但不外乎再融资之类的事,再融资一般通过配股等手段,看到自己的公司股价太低,希望多圈点钱,希望股价涨上去,于是就会找庄家来做自己的股票。笔者很佩服兢兢业业做实事的鲁冠球,他就说过“我就是不配合,而是该什么时候出公告就什么时候出公告”,也正是他这种专注实业的态度,让他的万向集团,一个很优秀、很稳定的公司的股价始终是不温不火。这也就是说,你庄家用多少钱都不能打动鲁冠球来配合你。所以,**在中国的股市里有着怪圈,越是业绩好的公司,股价反而越不涨**。当然这不是绝对的,不涨的那些公司其高管都是一些很难被金钱打动的,而一心扑在公司发展上的,令人尊敬的。

4. 庄家找上市公司:这类的庄家很普遍。

在中国股市里,任何的行情都是由庄家来发动的,不管是涨还是跌的行情,而散户只是在其中起到助涨助跌的作用,这也反映出散户在股市永远是亏损占多数的原因,也是我们为啥说做股票要做强势股的原因。

庄散博弈论

一只股票的行情,一般包括“建仓、洗盘、拉升、出货”四个阶段,而每一个阶段又是很复杂的。比如建仓,就像农民兄弟种庄稼,需要翻土、播种、浇灌、修剪、除草等一样,建仓也需要潜收集、强力收集等多种手法。他们和散户的关系一直在转变。其实,主力庄家和散户就像一对欢喜冤家,他们双方在不同的时期有着不同的关系。建仓期,主力庄家视散户为敌人;而洗盘阶段,他们是一种相互利用瓦解的关系;拉升期,他们时敌时友,但庄家不会对散户赶尽杀绝的，高度控盘不是一件好事；而到了拉高出货期，庄家会利用各种渠道吸引散户，他不希望洗盘后留下的散户在拉高的过程中出去，星星之火可以燎原，他需要这些散户给他做诱饵，只有这样才能在最后不计成本的出货中顺利地把筹码交给散户。而这些表现给我们的只有 K 线，所以，我们要努力培养自己从这些 K 线上寻出主力庄家的蛛丝马迹，但往往我们会被假象迷惑。从某种意义上来说，股市里处处都是欺诈。

庄家之所以能够得逞，无非就是利用了散户不稳定的心态，采用拉拢、诱惑、维稳、恐吓，一句话“威逼利诱”让你踏错节拍但又互相依存。

笔者不是在抨击某种不道德的行为，相反倒是觉得这是资本市场的必然。在马克思《资本论》第二十四章“所谓原始积累”的第七节的注释中有如下解释：“《季刊评论员》说，资本会逃避动乱和纷争，是胆怯的。这当然是真的，却不是全面的真理。像自然据说惧怕真空一样，资本惧怕没有利润或利润过于微小的情况。一有适当的利润，资本就会非常胆壮起来。只要有百分之十的利润，它就会到处被人使用；有百分之二十，就会活泼起来；有百分之五十，就会引起积极的冒险；有百分之百，就会使人不顾一切法律；有百分之三百，就会使人不怕犯罪，甚至不怕绞首的危险。如果动乱和纷争会带来利润，它就会鼓励它们。走私和奴隶贸易就是证据（邓宁格：《工会与罢工》第 36 页）。”股市就是一个零和游戏，每个人都幻想着把别人的钱占为己有，但是能进到股市玩资本的，都不是傻子，这就有了尔虞我诈，谁做得逼真谁就是赢家，愿赌服输。

但是，中国股市，由于先天的不足，造成了监管不力，其间会产生你根本就规避不了的风险，这也算是一大特色。但是否有办法规避？笔者的回答是：有！条件是：武装自己的全面性。

癞疮股变大黑马典型：平庄能源

笔者曾操作过一档股票，就是当时的草原兴发，现在改名叫平庄能源了，从绿乌鸡变成了黑凤凰，说起来，还真的有点戏剧性。

2006 年 7 月 5 日那天早晨，笔者的一位平顶山的朋友给笔者打电话让看看 000780，说可能是平煤集团要重组它，笔者也不假思索，看了看该图的 K 线，就说可以赌一把。笔者对平顶山很熟，知道那里有一家实力雄厚的公司叫平煤集团。笔者想，如果它能重组这家公司，肯定好啊！笔者要补充说一下，这位朋友也是股市二把刀，其实那天说的平煤集团是内蒙古赤峰市的平庄煤矿集团，与平顶山风马牛不相及的。而且，那天是公布重组失败消息，但不是完全失败，双方还在沟通。笔者当时是听到平煤集团才忽略了这些的，这之后笔者学会了不再马马虎虎地听消息，再看一下当时的 K 线，又有了技术上的支持，见下图（图 5-1）：

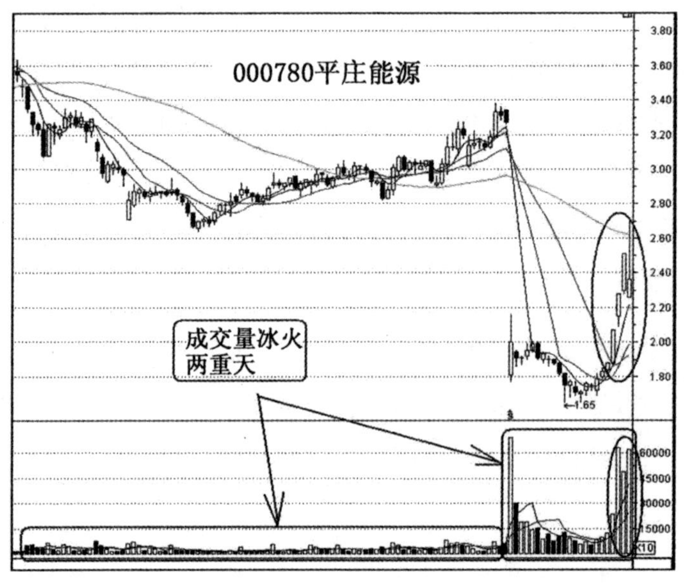

图 5-1 大黑马诞生前夜，平庄能源

首先看到了量能的巨大反差，除权前成交量犹如芝麻粒，除权后巨量，尤其是停牌之前的几天，连续3个涨停。既然重组出现问题，那么主力资金肯定是知道的，难道是他们在跑？不可能的，散户碰到这种很可能要退市的消息后是要跑出来的，这些大量只能是主力借机吸筹，那该股就可以去赌一把，于是决定先介入一部分。后来再次停牌的那天，看到F10里有这样的一些信息：

1. 重组失败，平庄集团认为不合适。
2. 董事会作假账被深交所谴责。
3. 董事会集体请辞。
4. 亏损2.5亿。

好家伙，等于一身赖疮。但是，F10里有这么一句话引起了笔者的极大关注，这句话是这么说的："赤峰市政府仍然倾向于本地企业重组这家公司。"大家好好琢磨一下，一个如此不堪的公司，其他地方的如蒙牛、伊利等想重组它，自己又重组失败，按理说不该再有矜持的资本了吧！可是，当地政府还是不让外地的公司重组该公司，这说明这家公司的壳资源很重要。于是对周围的股民说："把所有的都卖掉，赌它的重组！"其理由如下：

1. 重组肯定成功，因为当地政府非常重视。
2. 重组成本会低，因为当地政府希望本地企业重组它，那就会给重组方更多的优惠。

后来还是这家平庄集团重组了该公司。并且，当地政府在2006年12月31日公布给予该公司3亿财政补贴。你看，从亏2.5亿，转眼就是"盈利"5000万，这就是中国特色，你不服的话就去扶墙吧！通过对一句话的解读，就能体会到壳资源的重要性，这也给我们一个启发：**一家破公司能否重组成**

功，就看该公司在当地政府眼里是啥东西。

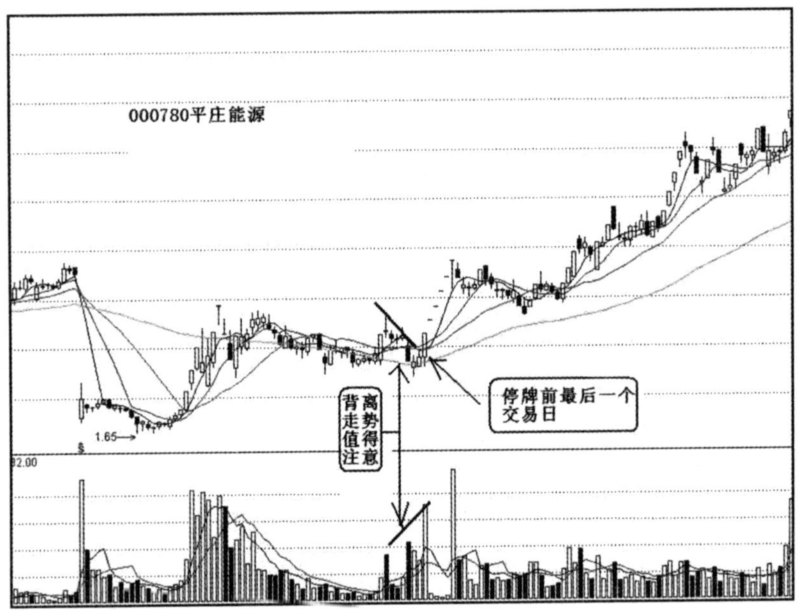

图 5-2 平庄能源爆发后

这是后来再次停牌后的走势图。

往往股民遇到利空会先恐慌，这完全不必要，大家记住，政府不到万不得已时是不会轻易地让一家公司退市的，从这一点来看也能说明我们的政府是充分考虑到股民的利益的。但是，这毕竟是资本市场，不变的是风险，我们对待任何事都要把风险放首位，要对各种消息进行细致的分析，往往是媒体上消息最恶劣的反而是最有希望的，最能获利的，这也算是特色了。就像银广夏，够可以的吧！但是绝对有人照顾，这你就要考虑地域方面的事了，但关键还是要记住：**政府不会在乎你那点钱，稳定才是根本**。考虑了这一点，再来考虑一些绩差股的重组就有了大方向了。从这一点来说，我们应该理解政府的苦衷。

前面提到优秀企业家鲁冠球先生曾说过一句话："我就是不配合庄家！"这句话道出了中国股市的一个潜规则，庄家鲜有不和公司高管协作的，不协作就甭想炒作该股。

现在再来看上面的庄家的几种情形：

1. **独来独往**：风险太大，要么钱多势大，但多数可能是傻有钱，不知道怎么烧钱好才坐庄。

2. **公司自己坐庄**：风险更大，能这样做的公司，肯定不是好公司，早晚倒闭。

3. **联合坐庄**：容易利益分配不均，金钱方面都是争先恐后。

4. **与公司高管密切联系后的坐庄**：必由之路。

立案调查股：五粮液

庄家在做一只股票的时候，必先在人际关系上下足了功夫。笔者挺佩服鲁冠球老先生的那句话，也多次在不同的交流中说到这一点：公司是个好公司，但为啥没有人炒作？是啊，公司不配合出消息，庄家怎么出货和建仓啊？像鲁冠球这样的优秀企业家，把自己的公司看得比命大，把自己的人格看得比天高，钱对他来说就是一张纸，你用多少钱才能打动他？没有公司高管的配合，庄家做起来那是难上加难。

对于这些，我们作为股民，股市中的一般投资人，也不要去过分计较，只认为这是“存在即合理”就可以了，最关键的是能通过这种现象来为自己所用才是真的。

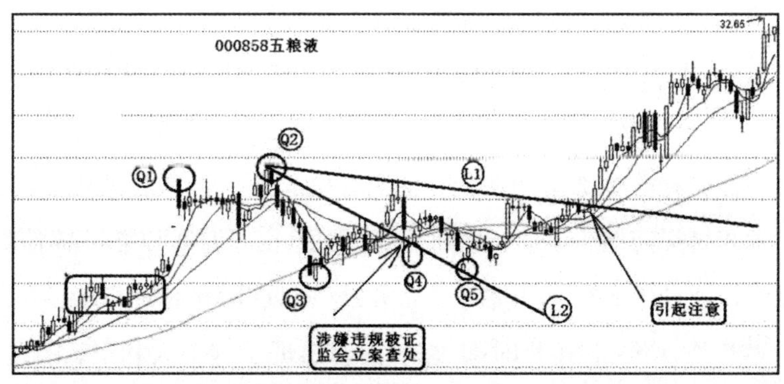

图 5-3 五粮液遭查

这是五粮液的K线图(图5-3),其左面箭头所指的这一天——2009年9月9日五粮液爆出涉嫌违规,证监会立案调查,当天的消息是这样的:

《000858 五 粮 液生命历程: 2009年9月9日》

五粮液:涉嫌违反证券法律法规,证监会决定立案调查

五粮液(000858)今日本公司接到中国证券监督管理委员会调查通知书,其内容如下:“因你公司涉嫌违反证券法律法规,根据《中华人民共和国证券法》的有关规定,我会决定立案调查,请予以配合。”

敬请投资者关注。

这事可是真的让散户很难受。当时,白酒类股票正是红火的时候(因为马上要过大节了嘛),这种消息真如晴天霹雳。但是对于这样的一个重大事件,居然能在接受证监会立案调查的同时又不停牌,可是少见啊!既然少见,那就厚黑一下,没事的,越跌越买吧!你再想深一点,这样的事都不停牌,那能让散户受损失吗?明显绝对不可以的,既然不可以,那就只有涨才能让大家不追究了。

当时看到这张图的时候是这么考虑的:

1. 既然证监会立案调查,就该临时停牌(印象中一般是这样的),不停就有点奇怪。

2. 喜欢Q1圈处的高开大阴线,如果是涨停开盘后收大阴线的话更好,对于这类股票可以放到自己的股票池里,给予时间,一旦盘整充分,超过该阴线后,上升空间将打开。

3. 但该股有点冲动,也许那时白酒类板块走势不错,羊群效应给被动推高的吧!居然短线回档后就创新高到了Q2圈处,由于时间和空间都不够,随后就被硬性快速打压下来,在其启动点上止跌(见Q3圈和前面的方框所示)。

4. 然后再次推高,还是时间太短,这时出现了这个大利空,正好借机洗盘,天赐良机也,此时L2线是其回调的强支撑线。结果该股在2009年9月24

日开始停牌(为何晚了这么久?),复牌后直接回踩L2线后再也没有回头。从时间上来看,右方箭头处需要加以关注,其一是箭头处3日K线组合在大多数情况下是一种启动前最后的洗盘,其二就是面临L1线的突破,此时要看成交量的配合。

这个案例充分地体现了技术、心态、政策三位一体理解的重要性,哪一个环节都不能少。其关键就是要从【**立案调查**】+【**没有停牌**】得出有点异样,再从技术上去理解这种异样对谁是利好,对谁是利空?其实,每一个分析都只是让自己心安理得。

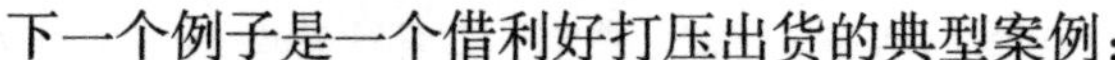

利好出货股:中炬高新

下一个例子是一个借利好打压出货的典型案例:

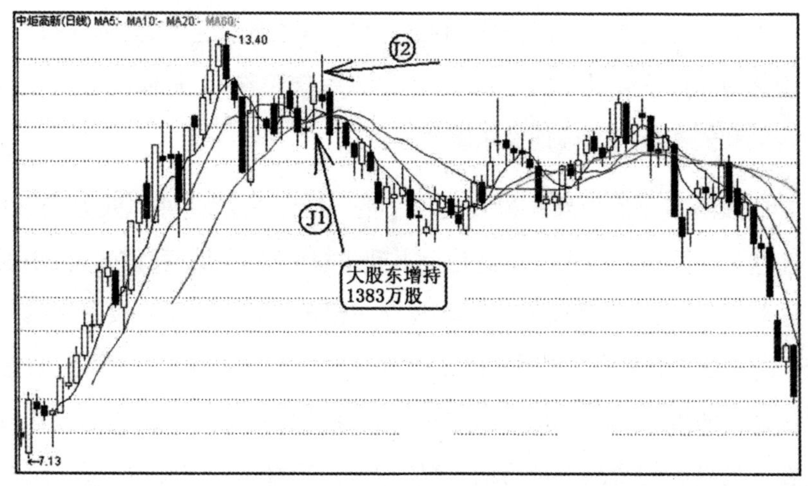

图 5-4 大股东增持

600872 中炬高新 (图 5-4),2009 年的大牛股。在高位的时候, 也就是2009 年 5 月 5 日中央 2 套经济台突然说该公司在 11.8 元股增持本公司股票 1383 万股,当天象征性地收了一根阳线,大有再创新高的可能(结合其前面的大幅拉升,短短半年时间从 2.61 元拉升到 13.4 元,那么短的区域盘整时间显然不够创新高，这主要是考虑了时间和空间的原因）。第二天，图中 J2 箭头处，一位网友问笔者：这么大的利好怎么这样走了？笔者这才看了看 F10，然后说，A 股最大的风险就是道德风险。如果你是庄家，难道不和公司管理层密切联系吗？再假如，如果你是该公司高管，你不知道自己的公司有多少料值多少钱吗？既然这样，你会非要在高位增持吗？就算在高位增持，还非要这么高调吗？所以，建议他先规避风险为上策。

笔者无意去探究该公司管理层是否和该股的主力庄家有联系，只是就中国 A 股太多的查无实据的现象表达一种中国人才有的怀疑，四个字——事出有因。

大家看，随后经过长时间的震荡，耗时半年才勉强回到原来的位置。做股票我们不是要谴责这些，而是要学会规避这些，如果是好事的话，你就要想想为啥能让你这个散户知道？既然你都知道了，是不是就要考虑一下好的成分是不是已经变馊了？但记住，不要去和任何人计较这些，如果你被套了，只能说你对中国文化认识得不深刻，不是人家想骗你，而是你自己没有揣摩到潜台词和资本市场的虚伪及尔虞我诈。

有些风险不厚黑地看待是规避不了的，也就是说，这些风险是隐蔽的，而往往这种风险在让股民赔钱后是得不到正规的教训的。我们知道，中国的股市是新兴加转轨，这就说明股市本身存在很多的弊端。就拿投资者教育来说吧！这个投资者教育的工作到底该由谁来做？起始点应该在哪里？我想不该是证监会的事吧！而时间也不该在赔钱之后吧！因为每一次的投资者教育都是在一种被动的情况下进行的，这使得散户很难适应，进而出现大面积亏损。5.30 前的股民教育如此，5.30 之后的基金风险教育亦如此，这也就让我前面得出“保护中小投资者的时候就是主力出货的时候，越极力打击老鼠仓的时候，就是主力最好的建仓拉升的时候”。我们大家静下心来好好想想，进入股市大门的第一眼，我们看到的是“入市有风险，投资须谨慎”十个大字，这表明了一切由你自己做主。既然这样，大家都是一个独立的个体，谁又能给你负责,谁又能拯救你?再有老鼠仓的问题,这叫什么事?年年揪,年年有,那你的监管是不是平时就形同虚设了?你该纠正的是自己监管方面的漏洞,而不是那些老鼠。但是很不幸的是,每次监管部门大力严查老鼠仓的时候,恰恰是主力拉升的最好时机,像这种风险真的不是一般人能规避的了的。你想,监管部门大张旗鼓地打击老鼠仓,散户就会想当然地认为这些老鼠会疯狂地出逃,那么股价就会大跌。可是,散户朋友啊,你咋就不想想,你小小的散户,谁会为你好啊!你咋就不想想,老鼠的嗅觉是那么的敏锐,他们会等着你来严查吗?

逆向思考的艺术:汉王科技

有时,我们对很信任的媒体中的一些访谈节目也要有自己的分析,往往能收到奇效。大家注意,这里所说的,绝对不针对任何人,只是说这种事有意无意会被庄家所利用。

在 2010 年 4 月 15 日的央视 2 套的财经节目里,主持人问汉王科技 002362 的高管,该高管说很难相信自己股票的价格怎么这么高。为此笔者在当天博客里提醒大家注意,这个信息是让谁来听的?而且提醒大家注意股市里的道德风险。笔者是这么认为的,作为高管不应该发表这样的断言。因为,不管好坏,都是能影响投资人操作的,何况在那样的一家重量级媒体上说这番话,这是其一;其二就是考虑了股市的规律,**凡是大多数认可的都要规避,大多数反对的我们就要接近**,这句话用到这个场合是再好不过的了。笔者认为机会来临了,因为散户会这样想:“高管都认为自己的股价不可思议,那肯定是高估了呗!”唉,散户啊,散户,中国 A 股有几次是按估值来炒作的啊?没有!下面看看该股当时的图形:

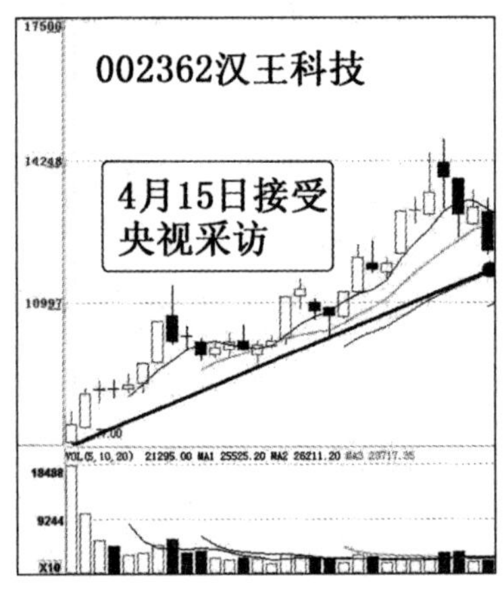

图 5-5 汉王科技接受采访前股价走势

该股恰恰到了回调的关键位，其支撑见上图的黑点处，可以说，这条信息恰恰能起到逼走散户筹码的作用。

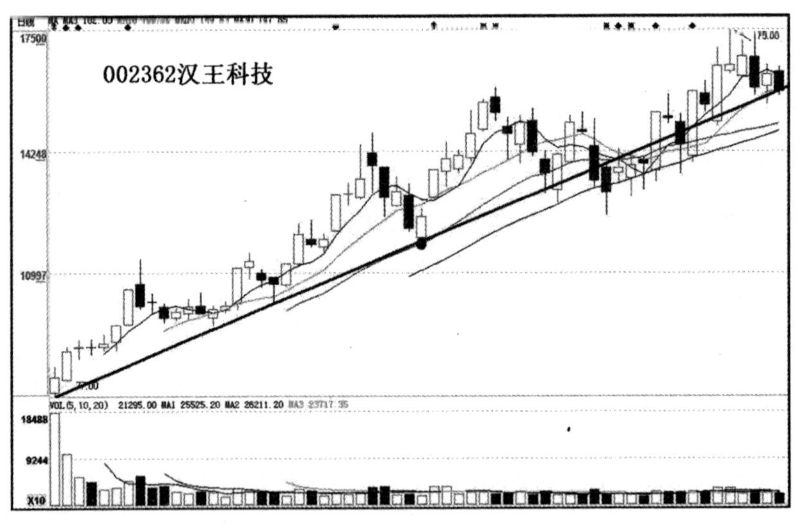

图 5-6 汉王科技接受采访后的拉升全图

随后一天，该股顺势回踩到支撑点黑点附近，便止跌拉升了。

这个例子不仅印证了道德风险，而且也给我们一个提示，那就是回调到了关键点位时，一定要权衡利弊，不要为了蝇头小利而失去更大的机会。如上图(图 5-6)，4 月 15 日的阴线距离支撑点(可能有效，也可能无效)黑点很近了，就算不怕再多给出去点利润也要看看黑点的支撑力度如何，如果不能支撑再跑。

而该股4月16日顺势低开后一直上攻，这就表明黑点处的支撑很强，再结合上面的“道德风险”的分析，这一天是可以去追的。

“绩差股”和“大白马”

有一次和一帮朋友在一起吃饭，朋友说了一个笑话：在一辆公交车上，人不是特多，一梁上君子看中了一个下手对象，一个一看就让男人眼睛发光的漂亮女人，他环顾四周，渐渐地靠近那个漂亮女人，找机会就下手了。突然，周围一帮强壮的男人冲过来，将小偷一顿暴揍。小偷顿时蒙了，被押送派出所，在派出所一直是沉思状，他纳闷为啥这次众人这么心齐？这时，警察问他。

警察：你想说什么吗？

小偷：我打出道以来就没有失过手，群众里也没有人出面管这事，我真的不明白为什么这次会失手！！我当时感觉很安全啊。

警察：被你偷的女人你看长得如何？

小偷：漂亮啊。

警察：这就对了，一车的男人都目不转睛地盯着她哪，你焉有不失手之理。

小偷（迷茫、恍然状）：漂亮女人、漂亮女人……唉……真是祸水啊！

小偷受罚那是活该，因为他只考虑了要偷的对象而没有考虑要偷对象的周围环境，他没有分析要偷的对象具体的形态。可是这样的“血案”在股市，尤其是对新股民那是真的很有用啊！刚进股市，听到的就是绩差股不要买，那些公司业绩不好，容易退市，要买绩优股。可是那些业绩好的股票就像

笑话里的那个漂亮女人，人人都在惦记，你要是想在她身上打主意，并下手，那等待你的恐怕就只有被抓——套你没商量。就像有些朋友那样，本身没有太多的资金，可偏偏要买入一些股性不活的大蓝筹（业绩好嘛），而买入后又嫌弃人家慢，笔者就说了：你既然选择了他，你就该忍受他的慢。时间也许就是一个很好的老师，在你忍无可忍的时候卖掉了，他转身就起来了，这就是套你的过程。

股民或多或少受股评师的影响，虽然对价值投资不是很清楚，但是往往在买股之前会说出要看业绩等的话，而业绩不好的股票，即使是黑马也会被当成一般的而中途离开。这其实没有真正地理解“**炒股就是炒预期**”这句话，也就是说，炒股要看成长性。

下面来看看这只不起眼的黑马国电南瑞 600406（图 5-7）：

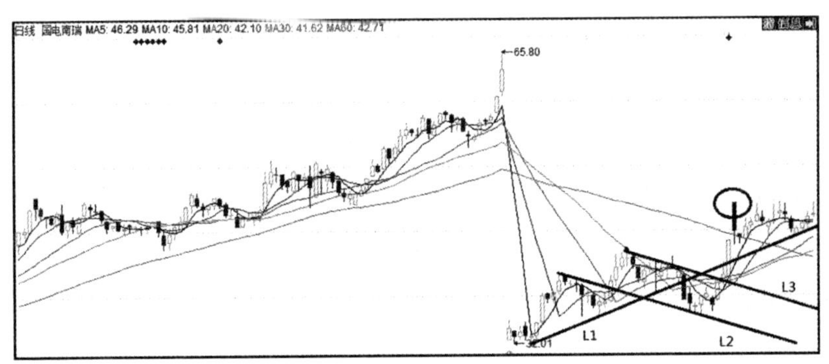

图 5–7　黑马国电南瑞

该股应该算一个明星股了，从 2008 年的 15.18 元疯涨到了 65.8 元，除权后又是强势整理。要说该股的每股收益才 6 分钱，很难支撑这么高的股价，但是，该股有一个很大的概念，那就是网络用电，而这个概念将是新能源汽车普及制约因素充电一环的解决方案，具有很大的想象空间。如果你只是考虑业绩而忽略了这个概念，肯定很难找到这匹黑马。

【技术分析】(除权后)它有下面几个要点:

1. L1 线与 L2、L3 分别构成 X 线。

2. L2 和 L3 构成整理的下降趋势线,有了 L2 线后,在反弹高点形成后也便有了 L3 线,其特点就是 L3 要平行 L2。

3. 突破 L3 和 L1 后确定大趋势线 L1 的地位。

4. 黑圈处,高开大阴线,一旦被突破掉,后续空间将被打开。

本章小节

- 政府不会在乎你那点钱,稳定才是根本。
- 有些风险不厚黑地看待是规避不了的。
- 凡是大多数认可的都要规避,大多数反对的我们就要接近。
- 炒股要看成长性。

第六章 用“划线分析法”护航

第六章　用“划线分析法”护航

划线分析前需要“相面”

在前言里笔者简单地叙述了自己的投资过程，从一无所知到迷恋指标导致最后血本无归后，痛定思痛，曾经也闷了好长一段时间，在这段时间里，主要是对股市的一些看法重新给予了解读。比如对“**会买的是徒弟，会卖的是师傅**”这句股市名言，我开始有了自己进一步的认识，认为此言不全对，大多数股民赔钱源于不会买。买了，套了，心情不好了，就导致自己的越套越深，假如能认真地对待“买入”这个动作的话，“卖出”也就好办了。也是从那时起，我对于市场信息，不再没有选择，而是尽量加入自己的思考。当初失败后，对市场的信息很是反感，不是认为胡说就是认为黑嘴。但那以后，我开始思考其实不是别人的原因，而是自己理解的问题。自己在获取信息的过程中，太寻求一种答案或一种结果，而忽略了极为重要的中间过程。所以，笔者后来在博客中加入了一句“跟踪是需要自己付出的，而推荐是被动的买入，不一样的”。老实说，这个“跟踪”二字是笔者琢磨了许久才得出的。因为，笔者知道了一个道理——“股市怎么走，谁也不知道”，当你觉得很好的时候，也不一定能够得到可以买入的结论。

经过大量的跟踪和失败、成功的沉淀，笔者寻找出一个简单实用的分析方法——划线分析法。

在笔者的实际应用中，这个“划线分析法”需要应用的线有：趋势线、平行线、压力线、支撑线、菱形线、X线等。划线的宗旨是为投资人勾勒出影响股票未来发展的三个重要因素：支撑、压力和趋势（随后有具体介绍）。因为这个“划线分析法”的原理是建立在筹码的换手基础上的，所以，对于那些典型的K线（一般表现是大阳、大阴、缺口、长长的上下影线）要给予足够的重视。

划线之前有一个重要的环节，那就是对K线图形“相面”，这一环节非常重要，有的朋友在划线的时候力求准确，而忽略了这一点，反而画不出来。其实这个**“相面”涵盖了对筹码换手、密集成交区的确认以及运行的时间和空间等因素，有时会被说成盘感**。由此可以得出：**划线不一定非要高点和高点、低点和低点相连，有时也会出现X线，也即那种压力线和支撑线相交后的压力和支撑的互换。**

划线分析中五要素——价、量、时、空和美学

股民对于大盘往往束手无策，主要还是量、价、时、空考虑得不周，形态把握不定造成的，有时在看大盘，一个拉升如果不考虑“量价时空”往往会做反。在前面说了3361点的那波反弹，笔者主要考虑的是调整的时间不够，对随后走势的判断，更是体现了笔者对量价时空和美学结合的思考。又如下，曾经在2010年4月10日的《下周大盘分析》说了一下大盘，那个时候笔者考虑最多的还是时间，也就是调整的时间不够，之后的分析就更多地加入了美学，也就是自己的感受。

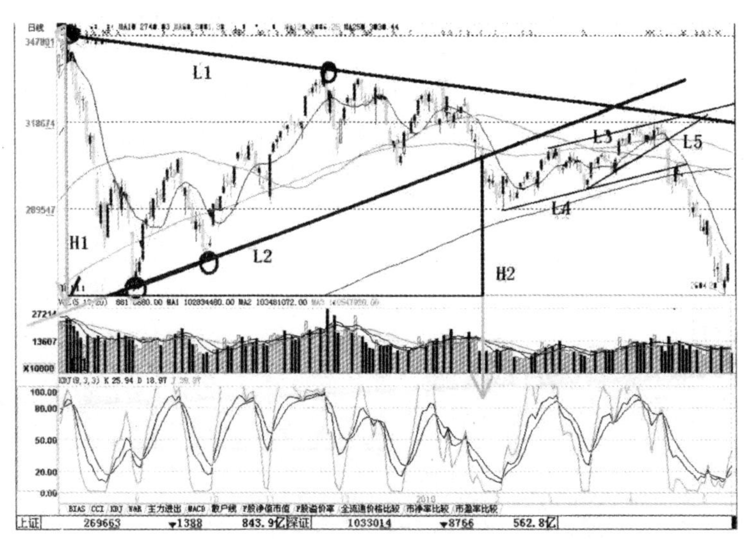

图 6-1 大盘分析

在 4 月 10 日的分析中,笔者指出 L1 和 L3 很难突破,考虑了 L3 突破前的准备工作太弱且时间不够,结果,股指在下一周出现了高位震荡的走势,其特点是热点板块不能持续,往往最多热一天。这种现象一般出现在头部区域。而在没有能冲击 L1 线后,笔者又着重分析了 L5 线的支撑问题。很不幸,在随后的走势里出现下跌缺口大阴线一下就破掉了 L4 线,这种走势就是一种破坏性的下跌,往往预示市场出现了大的问题。从趋势上来看,这种破掉 L4 线的走势是 L1 和 L2 大三角形走势的破位继续,其破掉的起始点应该是图中 H2 所示。而按照三角形趋势跌破的理论跌幅,H2 将与 H1 等高。H1:3478－2568;H2 大约起始于 2995 点,这样大盘很有可能跌到 2995－(3478－2568)＝2085 点附近。所以,将来的 2085 点上下 150 点范围要特别留意。从其随后的跌幅来看,不难发现 L4 上的走势特点——弱、空间小、时间短。而在这么短时间内居然形成 2 个密集成交平台,从而使得对 L3 的冲击显得力不从心,感觉上有点飘飘欲坠。当时,笔者对周线出现破位的情况就深感担心(如图 6-2):

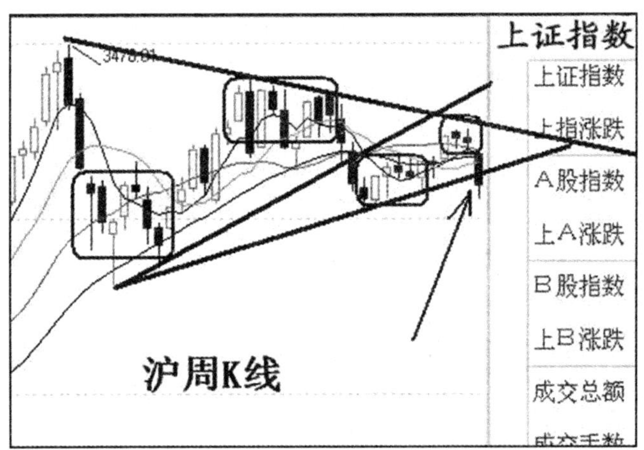

图 6-2　沪周 K 线

图中箭头处，让趋势线一下子感觉还要加速下跌。现在，再来看该图的几大密集成交区，很明显，最后一个区块很小，结合箭头处的破位，有种一头沉的感觉，最后的区块弱势就造成了这种一头沉。

划线分析走势犹豫时的方向选择

下面继续来举例说明大盘在不同时期的不同表现。这些往往和市场的不同心态有关，遇到这些时候，我们该如何对待是一个很复杂的问题。

大盘继续上面的走势，在 2010 年 5 月 21 日，低开最低探到 2481.97 点后展开了绝地反击，我们来看看这个时候的大盘状态，如下图（图 6-3）：

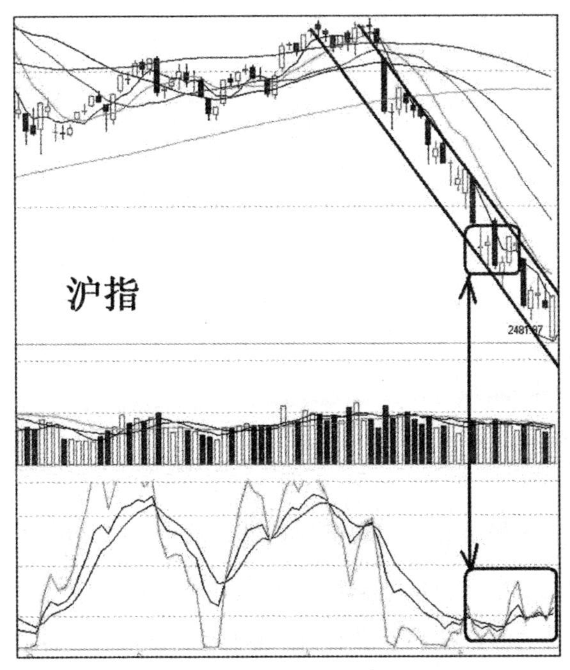

图 6-3 密集成交区

方框处是自 3181 点下跌后第一次出现底背离，而且，此时出现了多空换手激烈的局面。这种局面，笔者定义为密集成交区。笔者并不只是强调成交量的大小，而是更关注这种在密集成交区里 K 线的“拥挤”，这种“拥挤”往往看起来像一个箱体，实际上反映的是多空在这个点位上的犹豫。

对于这一天，笔者最怕的就是留下跳空缺口。由于前两天出现回调，如果此时再度出现跳空缺口，加上美股当时的暴跌影响，将会引出大批的恐慌盘。届时，很有可能会出现非理性的下跌。对于这类缺口，作为散户投资者最好的办法就是快速规避。而作为可能出现的绝地反击，也分有效和无效两种情况。“有效的反击”就是真的探底回升，短线看好；“无效的反击”则是只短暂上升时的昙花一现。至于如何判断它们是否“有效”，笔者的经验是——**有效的绝地反击的低点往往出现在 11:00 之前，而越往后的反击越有问题。**

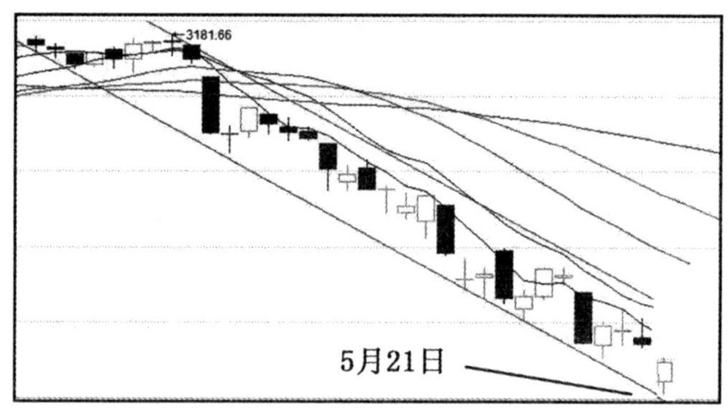

图 6-4 5 月 21 日大盘 K 线局部

如果这一天最终收盘出现缺口，那么这种 K 线形态就需要随后的一个交易日大阳超过前 3 日的收盘高点才能补上缺口，而这种要求对当时的资金面是有困难的。好在那天没有留下这样的缺口,而且低点在上午 11:00 之前就出现了。但即使这样,也只能是奠定了短线反弹的基础,面对 3181 点调整的态势(快＋波动空间小),很难一时扭转。这个时候,散户最容易出现操作偏差,他们往往认为“终于跌到头了”,正是这种心态造成了散户对强势反弹的个股不敢进场,而只敢抓弱势的微涨的个股。因为他们觉得要补涨,这就是散户“爱吃鱼头”的心思在作怪。

在经过一定空间的下跌后,其实首先要做的就是紧抓强势股。那些第一时间在底部出现 2 根大阳线的,尤其以涨停的大阳为最佳的反弹走势,而这种率先大阳涨停的个股往往能领先于其他个股,引领走势。

当日分时图如下(图 6-5):

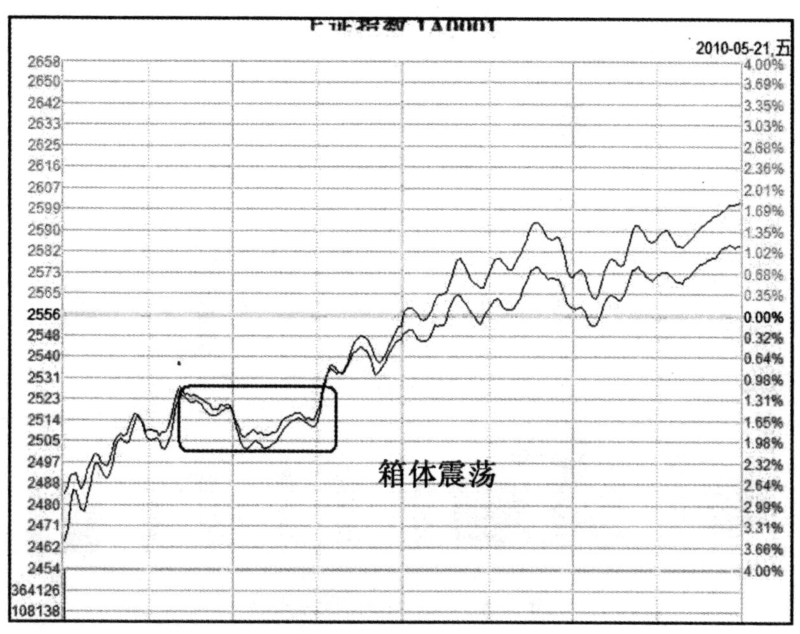

图 6-5 5 月 21 日大盘当日走向

由图可见，大盘低开高走，能否取得突破性进展，10:00~11:00 的走势至关重要。好在大盘选择了箱体震荡后的上攻突破走势，这种走势对于补上当日缺口的可能性就加大了。这个时候，我们看大盘就要重点看：

1. 权重股的走势。
2. 个股的活跃度。
3. 量能和价格的配合情况。

当然，这一天走完，我们应该看到大盘的气势很盛，这就要求第二个交易日必须走强，不然就很难解释当日的强势。但是，正如前面说的那样，那么大的跌幅，不是一天就能扭转的，盛极必衰。随后，在出现大阳后，大盘出现了两天的调整。见下图(图 6-6)，尤其是下图箭头处这一天，市场看空的人很多。

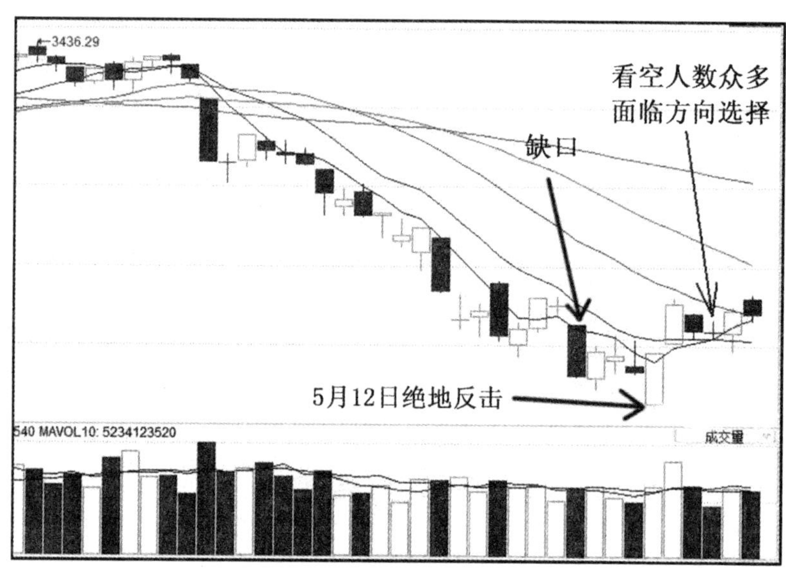

图 6-6 5 月 12 日后的走势

下面面临前面的跳空缺口，而且即将吃掉前面的大阳线，但是，那天的盘中很有点意思。因为本轮大盘止跌反弹时多亏了地产板块和金融板块，但在关键的那天，带领大盘雄起的地产和金融板块却没有表现出一种弱相来，所以，我们就不能看空后市了。

再看看那天地产、金融板块重点权重股的走势吧！

万科 000002(图 6-7)：

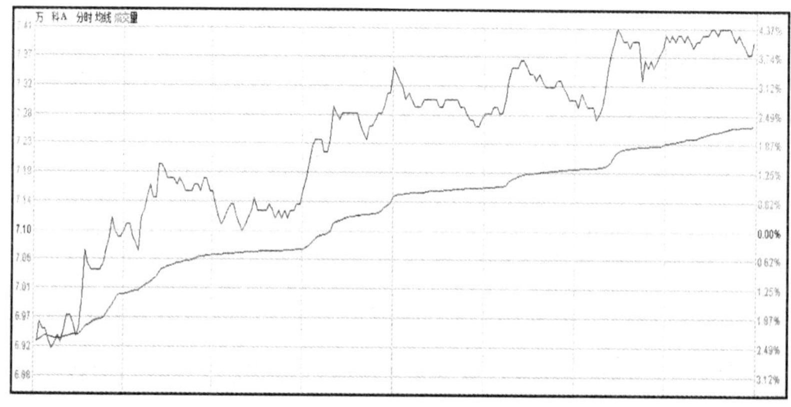

图 6-7 万科 5 月 21 日当日表现

中信证券 600030(图 6-8):

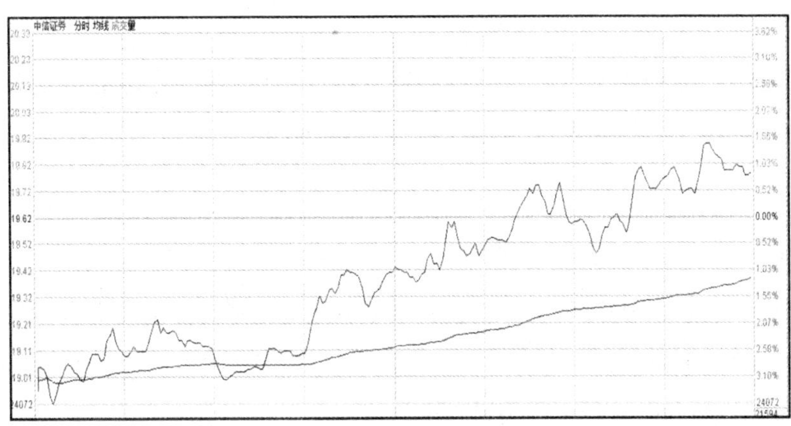

图 6-8 中信证券 5 月 21 日当日表现

所以,针对这种盘口信息,笔者在那天的收盘博文里写了《这样的走势值得明天期待》并看好后市,更在随后一天的早盘必读里写了《今天真的需要一根阳线》。其实,这种看好的期盼是建立在对近期盘面的跟踪分析之上的。而且,随后不能出现阳线的话,那应该很果断地做空,而不能去指责“你说收阳,怎么没有收啊?”结果并不重要,重要的是过程,没有谁能知道第二日怎么走,关键是你的分析全面会让你在随后的走势里不慌张不盲目。只有这样,你才能在第二日出现买入信号后敢于买入,而不至于去天天捶胸顿足呼喊踏空。

当然,也有很多朋友在使用了一段划线分析后感到不太方便或效果不佳。这其实是有一点没有搞清楚,那就是单纯地认为划线是一种绝对的简单技术手法,这其实是误区。划线后,投资者如何结合当时的政策、K 线图形、板块效应、大势、心态等是一个很复杂的过程。所以,不能单纯通过划线画出了低点画出了高点而机械地执行买入卖出。笔者强调的“厚黑操盘”就是用政策+技术+心态三位一体的分析方法解决投资分析这一复杂的问题。笔者一直不相信价值投资,目前不存在价值投资,但并不是完全抛弃价值。笔者称之为“厚黑看股市，投机玩价值”，选股用心态，而不过问是否有价值，介入看走势，而不盲目。

结合了政策解读、心理分析和趋势分析的“厚黑操盘”，划线分析法作为重要的实战技术分析武器，也很需要时间磨练，此外，它还有一些要点需要注意：

- 先相面，看看大致趋势。
- 大多数点都落脚到一条直线上（笔者用的是最高点或最低点，但不需要强求精确）。
- 关键时间、事件要作为重点参照点。
- 重要的大阳线或大阴线时刻是分析的关键点。
- 时间短暂的要用 15 分钟等短时 K 线分析。
- 相信自己的分析。这一点很重要，不然，你分析的结果也就不会被执行。
- 通道线的 2 条线应先选择容易画的那条线，然后画出另一条线与这条线平行，另一条线坚持用能覆盖大多数关键点的。
- 随行情延伸而改变分析的路线。
- 结合均线系统，主力在拉升前往往会做出难看的 K 线组合，也就是骗线，但均线系统、量能和见底信号却不是那么容易做出来的。
- 划线出来后，解读要从心态着手，不能让自己满意的宁缺毋滥，信号不明确只能选择规避而不是去赌那小概率事件。

在画出线之后，就是要充分利用这些线带来的分析了，其中趋势线的安全与否是我们对于所谓支撑和压力的一个重要判别依据，这也就解决了买入而后卖出的问题了。

本章小节

- 跟踪是需要自己付出的，而推荐是被动的买入，不一样的。
- “相面”涵盖了对筹码换手、密集成交区的确认以及运行的时间和空间等因素，有时会被说成盘感。划线不一定非要高点和高点、低点和低点相连，有时也会出现X线，也即那种压力线和支撑线相交后的压力和支撑的互换。
- 划线分析五要素——价、量、时、空和美学。
- 有效的绝地反击和低点往往出现在11:00之前，而越往后的反击越有问题。
- 划线还要结合政策、K线、版块、大势、心态来综合分析。
- “厚黑操盘”就是政策+技术+心态三位一体的分析法。

第七章 技术分析和实战

第七章　技术分析和实战

如何看大盘？

“看盘，股市一切的根源。”

也许这种说法您可能不太同意。但是，面对一次次的失败，可曾想过其根本原因是没有从盘面上提前发现一些端倪。说起看盘，到底怎么才算会看，这里先用一个大盘的例子来看吧！（图 7-1）

这是 2009 年 12 月 14 日的一张大盘走势图，我们每个交易日都要面对这样的一张图，我们主要看它的什么？笔者通过每天看盘，总结如下：

1. 昨日收盘价，就是中间粗线和前面白色的昨日收盘价（这张图是 3247.32）。

2. 圈 Q1。

3. 圈 Q2。

4. 圈 Q2 内的黄白两条线(白线代表加权后的指数，黄线是不加权的算术

平均价)。

5. 下方柱体表示的成交量。

6. 1-2-3-4-5-6 的时间段。

7. 最重要的就是 9:15—9:26 的集合竞价的情况。

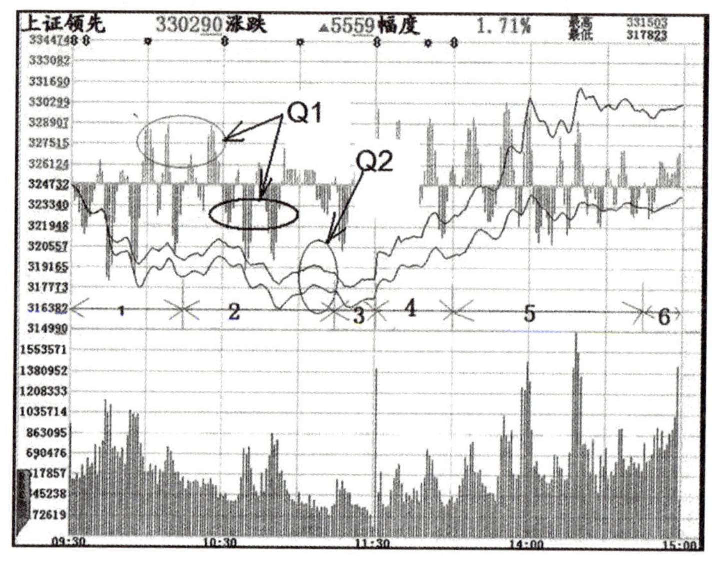

图 7-1 12 月 14 日盘面 A

下面对于上述 7 点给予详细解释:

1. 第一点“收盘价与中间线”,虽然没有太多的意义,但是在我们每天的看盘中,这条线确确实实在股民心中的分量很重,在其上就开心,在其下就可能心情压抑。而且,这条线在无形中对当天的走势起着提振或压制的作用(主要是心理方面的),在后面笔者将再度举例说明这一点。

2. Q1 圈内的红柱子,可以让你感觉到大盘走势的强弱,一般红柱子越长越表示当时大盘拉升得猛烈,通过这你可以感觉到一种变盘。

3. Q1 圈内的绿柱子与第二条的红柱子意义一样,但方向相反,它表示当时大盘下跌情况的强弱,有时横盘后的破位下跌常常出现绿柱子迅速变长,这往往预示一种趋势的形成而不是正在形成趋势。红柱子和绿柱子只是表现一种强弱，往往在出现迅速变长的这种情况之前会有各种苗头出现，决定也需要在出现这种情况前作出。

4. 这里的黄白两线，简单地说白线代表股指的点数，白线是大盘加权指数，黄线代表不加权的大盘指数。当大盘上涨的时候，黄线在白线之上就表示那个时候小盘股涨幅较多，反之，黄线在白线之下就表示小盘股上涨幅度比大盘股涨幅小；当大盘下跌的时候，黄线在白线之上就表示小盘股跌幅比大盘股跌幅小，反之，黄线在白线之下，就表示小盘股跌幅比大盘股跌幅大。用到个股上，白线表示股票的即时交易价格，黄线代表该股那个时刻的买卖的平均价格。

5. 下方柱体的每一根表示那一分钟的成交量，对于这一点，笔者想重点说一下。好多朋友始终不太理解什么叫“有效放量”，包括很多的股市分析的书里也没有专门讲这个的，多数都是用成交数量来表示是否放量，但是，笔者通过多年的研究发现，**单纯用成交数量来看待成交量有失偏颇**。对此，笔者使用一个新词——“放量频率”。我们既然知道，每一根柱体就代表一分钟的成交量，那么，我如果一下子就把一分钟的量放出来是不是好啊？多数情况下不好，而且往往是一种假放量，只有你在看盘的时候。那**一分钟的黄柱子快速增长的时候才算有效放量。也就是频率要快，一分钟 60 秒，也就是说，在这 60 秒里成交很多单子**。很多人在看放量的时候，是看黄柱子是否增长。而笔者希望本书读者明白“放量频率”这个概念后，要看的就是黄柱子的增长是否快速。

现在，体会这个“放量频率”成了笔者每天看盘的主要关注点，往往好多机会都是通过这个“放量频率”来感觉盘面变化的，大家不妨对每一次的放量都从这个角度来体会一下。实际中，往往大家认为出现了大的单子就是好。其实，对主力来说，大的单子往往有不可告人的目的，倒是**小单子大频率才是最好的量能**。

6. 每天的 9:30—10:15 往往是多空双方交手的初期阶段。这个阶段，股

指往往把一种趋势做过头，主要感觉就是一个字——快，但这个 45 分钟确实是全天最关键的。打个比方来说，就像拳台上两个不知道对方根底的拳手，他们起初的几个回合是在互相试探中度过的，时而重拳，时而躲闪，无非就是要在这种磨合中找出自己的着力点和发现对手的优缺点，也只有做到知己知彼才能做出下一步动作来。但是，许多散户朋友，往往在这个阶段中招，究其原因就一个——想赢怕输造成的。一上涨就怕鱼头吃不着而买到高点，一下跌就恐慌抛筹，却看人家一骑绝尘地上去。这个时候如果你有一点辩证或淡定那就少出问题了。如果拉升，等确认，一波行情确认后够你赚的，不在乎启动前的那个震荡期，那是大资金建仓布局阶段，你没有必要参与，快速下跌必有超跌反弹，不在乎再跌一点。套用小品一句话——不差钱。

关于早盘的看盘要点，市面上的股票书里有多种看法，一般是围绕 15 分钟内的 3 根 5 分钟 K 线和 45 分钟内的 3 根 15 分钟 K 线来说的，即：前 3 根 5 分钟 K 线能有 2 根阳线以上且阴线不大就说明市场不弱，再考虑前 3 根 15 分钟 K 线若是 2 根阳 K 线以上的话，那当天走好的概率就很大了，这些分析方法都有其实际意义。一般早盘，资金会是在认真解读昨日走势和收盘后的信息面后作出的决定，自然阳线占优的话说明资金看好，但是，目前在证券监管越来越严的情况下，这些早期的分析方法也就显现出不少的弊端。笔者经过几年的看盘，总结出“早盘三点式”，当然，偶尔还是要借鉴前面 15 分钟、45 分钟的 K 线法。当然，股市充满了不确定，也不是一种方法能定终身的，这种“早盘三点式”的看盘方法的关键是要做好大盘形态的分析定调，然后才有这种看盘的依据。

早盘三点式看盘

我们再来分析一下大盘走势，在这之前，我们先看看下图(图 7-2)：

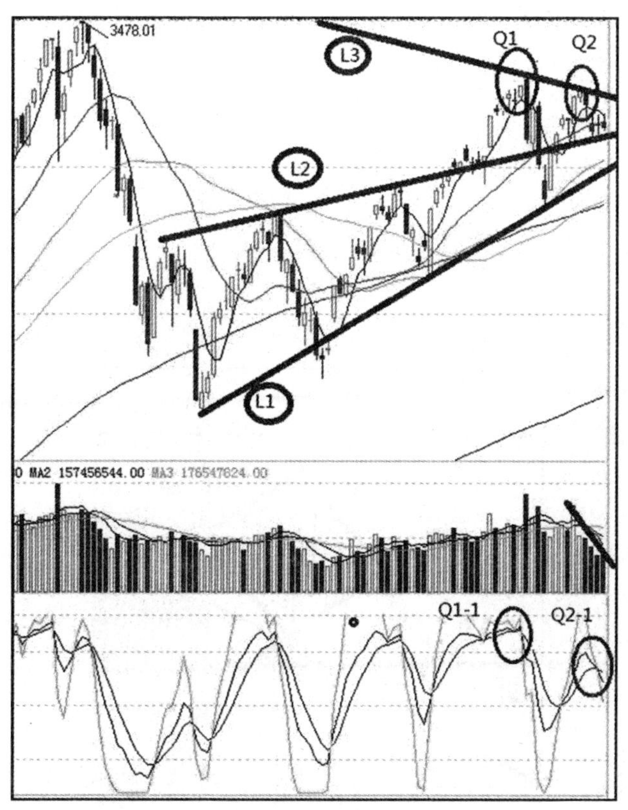

图 7-2　大盘分析

首先，连续 4 根阴线也只是在试探 L2 线的支撑力度，即使破掉，其距离支撑线 L1 很近，相应抵消了 L2 线有可能被破掉的威力，加上对中长期大势的分析，理应问题不大，另外目前阶段并没有顶背离（见圈 Q1、Q2），加上成交量快速回落，这一点很重要，**如果是一个重要的顶部，那么成交量是温和的缩小的，而不是蹦极似的缩量**。考虑到种种分析，后市中线走好的概率是大的，所以在那个周末的下周大盘分析里提出重点关注 L1 线支撑，而且提醒跌破 L2 线是换仓的机会。这些就是随后一周的看盘要点，都要围绕这些来进行，那个周末用了下图（图 7-3）：

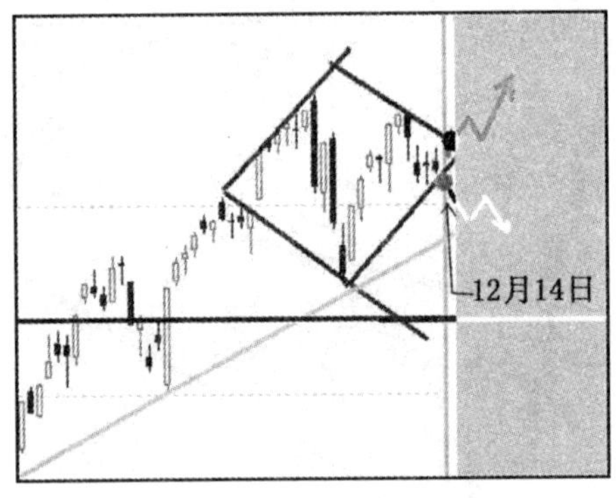

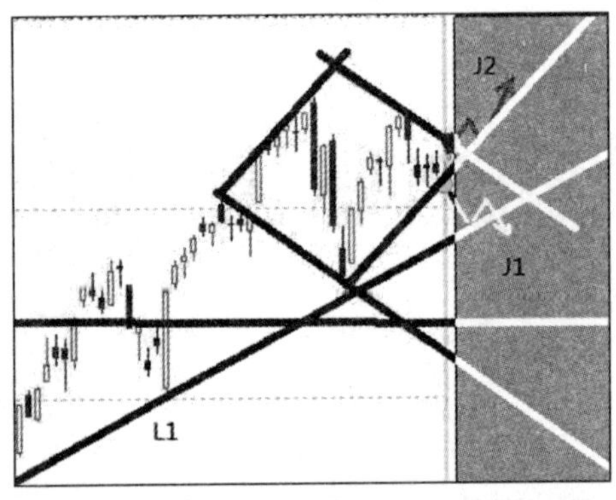

图 7-3 支撑线的重要性

其中 J1 箭头表明如果破掉 L1 线，大盘将选择向下，行情就急转而下，从中可以感觉到 L1 线的重要性。

有了以上的分析作铺垫，我们再来看看下图（图 7-4），也就是开盘后的头 45 分钟需要看什么？

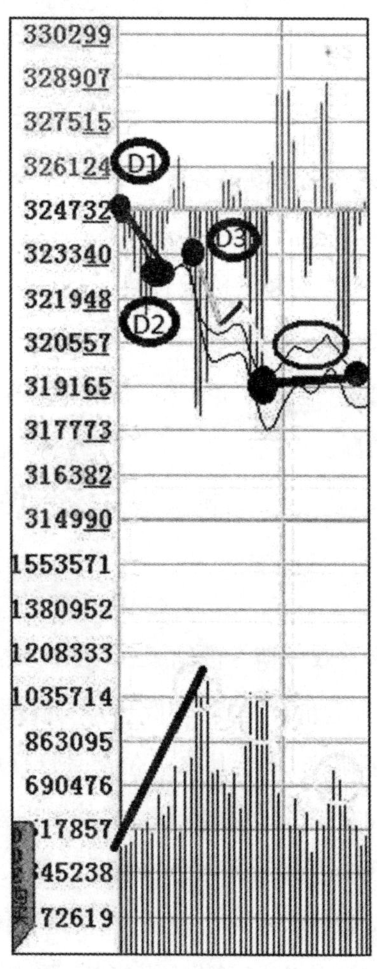

图 7-4 开盘后的第一个 45 分钟

在解释这张图之前，我们把上面的第 7 点顺便说一下，也就是 9:15~9:25 这个集合竞价时间段。这个在前面已经就集合竞价详细地叙述了，大家可以再看看，笔者想在这里强调一下的是集合竞价形成的开盘价是 9:20—9:25 中成交量最大的那个价格，强调它是因为开盘价不太会是中小投资者能左右的，也就是说，我们可以通过开盘价以及开盘第一笔的成交量来初步判断当日走势。**一般是假如今天的第一笔成交量高于昨日第一笔成交量不少的话，那么今天就很有可能是多方占优**。当然，如果当时市场是一种下跌趋势，

那么仍有一种可能，是恐慌杀跌造成的成交量，不过一般这种情况不是太常见。而如果当日的第一笔开盘价的成交量低于昨日的第一笔，那么今天很可能是空方占优。

在集合竞价之前，我们还需要做许多工作，大致分为：

1. 昨日盘面的回顾。

2. 昨日尾盘的走势，特别是量价配合情况、板块等信息，大致得出今天需要跟踪的个股和板块。

3. 当天面临的信息面，这需要前面第一部分的政策信息解读。

4. 指标股的走势情况。

5. 分析出当日所面临的压力点和支撑点，这一部分需要一定的技术分析能力。

每天的开盘价是多空双方搏斗的结果，代表了多空的一种趋势，在一个上升(下跌)的趋势中，开盘价若是高开(低开)，一般是要沿原有趋势走下去的，但是，也要有辩证的眼光，不会什么点位都是这样的，要真的是这样，也就没有顶和底了。比如在拉升一段时间后，突然出现强势高开，然后在获利盘的打压下出现了高开低走，反弹无力的情况，那么波段顶部也就差不多了。不管顶部还是底部，似乎都有一个现象，那就是疯狂。上升趋势大致分为三部分，震荡缓步盘上、边拉边打形成上升通道、强力拉升加大上升通道斜率。其中最后一部分的拉升往往是遇到利空也只是简单地低开一下，仍旧拉升；相反的是底部，也是需要经过强力打压，这个打压一般无量，经过大幅下跌后的慢慢放量，小幅度下跌，最终生成底部。

但笔者对于开盘价往往是结合技术分析来看待的，不是高开就是好，也不是低开就不行，需要拿到形态上来分析其好坏，其中集合竞价的第一笔是很重要的参照物。

好了，来看图 7-4 的分析，在图 7-3 中已经看到，连续出现 3 根水平阴十字，这也说明多空搏斗已久，不相上下，这种情况，多是一方加力后另一方溃败的形势，是很微妙的阶段。在 12 月 14 日这天，开盘稍微跌了一点，不过，从 K 线形态上来看，开在昨日下影线上，由于前面 3 根十字星的形态，那么今天的低开就不好看了，但由于不太低，有可能在后面的走势中给予修正，所以，今天的这种开盘仍算是平开。9:30 后大盘走出黄线走势，这种走势不同于以往，是用一种斜率大于 45 度角的斜线式下跌，有点空空的气势，但又不是以往那种直线下跌式。对于这种少见的走势，你需要马上去看那些诸如中石油、中石化、三大行、平安、深发展、万科等大的权重股，看看下跌来自于哪里。这一天，笔者发现，银行和石油石化是做空的主力，但又不是那种奋不顾身的下跌，而是有点节制的下跌，这很奇怪，后来走出蓝线走势，(往往这一波才是笔者最关注的，这一波是对第一波的修正)，但是，这一波走得很弱，根本没有一点迹象去更改黄线那波的下跌势头，走出红线，且破掉绿点基本在没有突发利好的情况下，很难扭转当日走势了，这是对当日大盘的初步定调。之所以还不能肯定，因为毕竟没有破掉图 7-3 的蓝线支撑，所以，只能是当日不看好。

这里，笔者想强调的是开盘三点式，就是图 7-4 中的 D1/D2/D3 三点，这三点将是今天大盘的一个架构标准，后市基本要以他们 3 个点来展开。后来红线稍微回档后再度跳水，这次有点名副其实地跳水。

对于开盘，笔者总结出多年的看盘经验如下：

1.“上升式”

之所以加引号，不标明是最后收阳，只是表示开盘后的上冲，我们还是用 D1/D2/D3 三点来表示，看图 7-5。

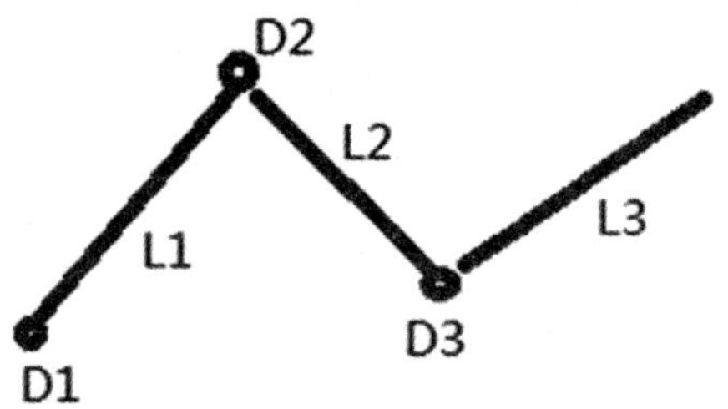

图 7-5 上升式

D1 点开盘后上冲，出现第一个高点 D2 点，然后回踩。这个回踩有学问，也就是 L2 线，如果过急、过长就很可能是冲高回落诱多的走势，也就是说 D3 点如果在上冲后的回踩下破掉 D1 点，那么当日走势可能就不会太好，注意反弹减仓准备。如果 D3 点在 L1 线的上 1/3 附近，然后反弹走 L3 线，而 L3 线的长短又是看盘的重点。这一点有点复杂，如果 L2 线行走的时间不长，而 L3 线又短，那么这种拉升多数情况下就是假的，如果 L2 线时间长，而 L3 线就可以短一些，这样大盘至少是平盘走势，如果 L2 线时间长，而 L3 线也是长的，那么今天收阳的概率会大增。如果 L3 线过不了 D2 点，那么今天走势不会太好。

2. "下跌式"

同上，下跌式只是表示开盘后下跌，不表示当日收阴，看下图(图 7-6)：

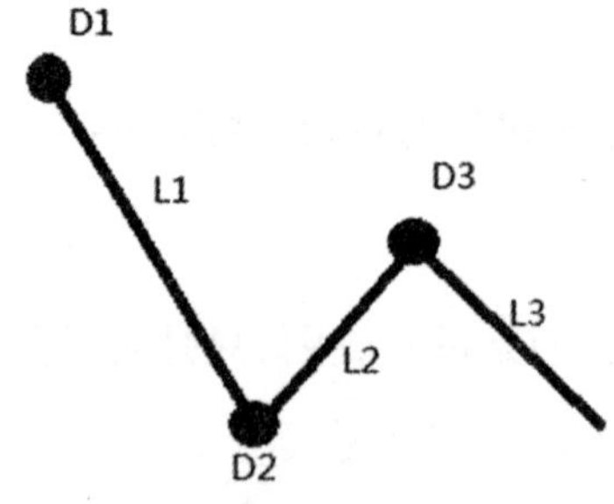

图 7-6 下跌式

D1 点开盘后继续下挫，走出当日第一个低点 D2 点，然后反抽，走出反弹 D3 点，这种走势就看 D3 点的高低和 L2 线的时间长短了（即空间和时间）。

- L1 线过长 +L2 线过短，则当日中阴以上的可能大，找机会减仓。
- L1 线适中 +L2 线长 +D3 点高过 D1 点 +L3 线短，则当日的跳空低开属于假跌，找机会建仓。
- L3 线不再创新低（当日），则要看 L1 线的长短而出现好的修正走势，这种情况较为复杂，多空不好判断，需要注意的是当日中盘阶段的走势。
- L1 线很短 +L2 线长 +L3 线短，则当日多方很盛，开盘的低开属于诱空，这种走势往往在一个相对的底部出现的概率大。

3. “平衡式”

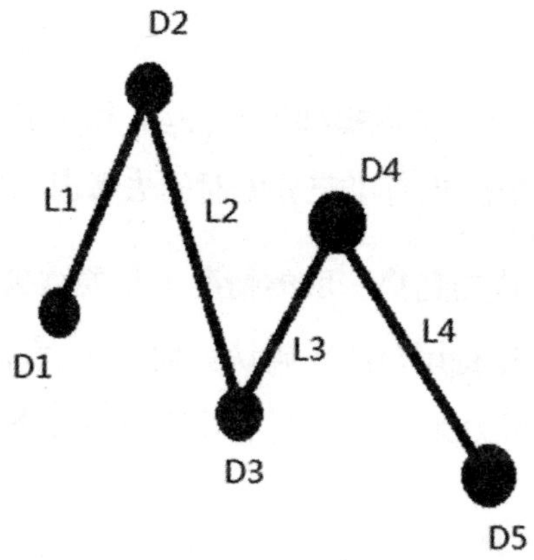

图 7-7 平衡式

这种走势多发生在多空胶着状态下，但又不是平常的牛皮市，而是大盘要选择方向的关键那几天（见图 7-7）。

对于这种走势，主要看几点：

- D3 点低于 D1 点 +D4 点高于 D1 点 +D4 点低于 D2 点，则形势不会是太好的。

● D3 点高于 D1 点 +D4 点高于 D2 点，则大盘不错。

● D3 点、D4 点都低于 D1 点，则今天大盘可能很不好，很有可能发生变盘。

● D1、D2、D3、D4 在一窄幅空间波动 +D5 点明显低于前面 4 点的最低点的话，则大盘不看好。

在经过早盘的整理后，大盘进入中盘争斗中。在中盘的走势中，由于多空经过早盘的试探磨合，基本也知道了些对手的实力和优缺点，自然而然地就会针对早盘进行修正走势，将早盘的大刀阔斧转变为精雕细刻的走势。中盘主要有以下几种形式：

1. 早盘太高了会调整。

2. 早盘太低了会出现超跌反弹。

3. 早盘太高、太低而中盘仍旧延续，那么当日出现大阳、大阴基本是定局了。

中盘阶段，人们不再像早盘那样容易冲动，投资者会自然地回归到“平静”，不再受到市场的诱惑，也有了充分的时间去考虑和反思。

笔者发现，早盘形成的趋势一般的情况下是要跌破的，从而在中盘再次形成一种温和的趋势，以待尾盘给予确认。而大阴、大阳的走势往往是早盘形成的趋势，斜率不可太大，而一直不破掉的情况下就会产生。看下图：

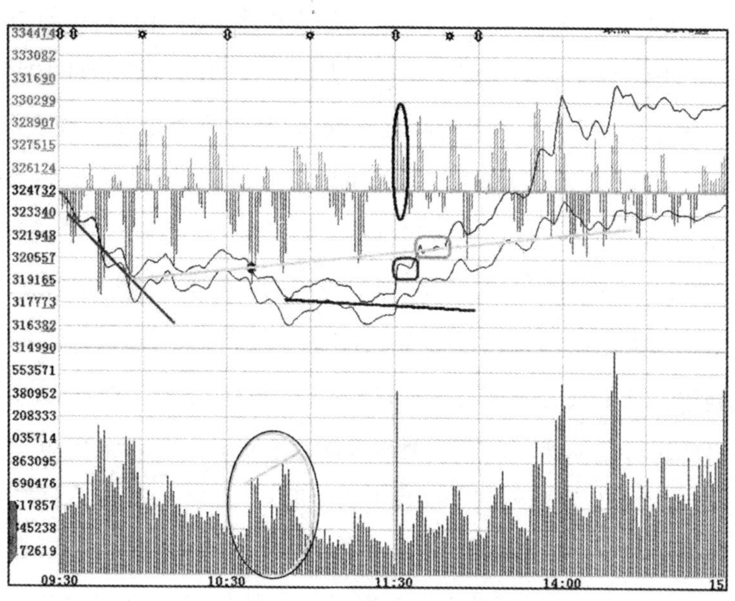

图 7-8 中盘的分析

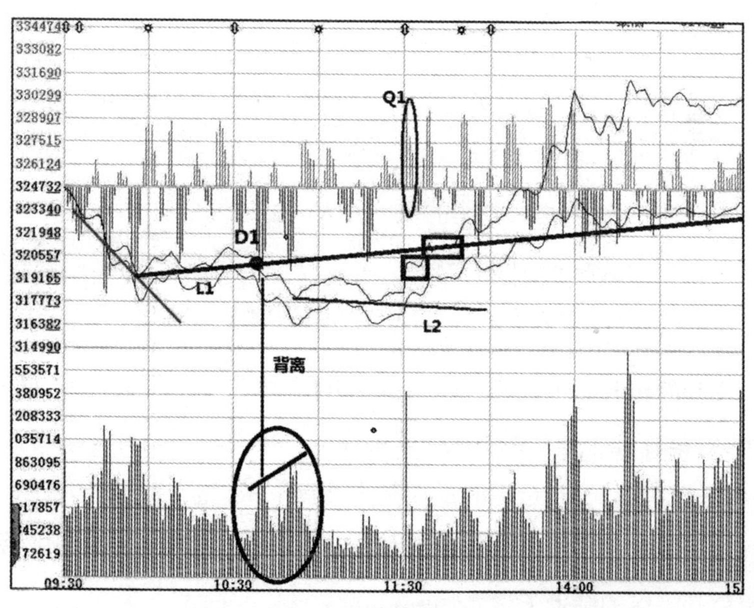

图 7-9 12 月 14 日大盘盘面 B

早盘形成的趋势支撑线（实际是个窄幅的下降通道），后来被打破，从

10:00 前的低点开始到 10:45 左右形成新的支撑线。可以说，对于图中的新支撑线 L1 线来说，斜率已经不大了，但是，大盘却在 D1 处（笔者盘中博客会在此时说关键二字，"关键"不表示必涨必跌，只是表示要出现一种方向选择，仅此而已，只是看盘者对大盘的一种提前反应）有加速下跌跌破 L1 的可能。这种破掉，往往会带来急跌，但是当日有个好迹象，那就是图中下方的圈处，量价出现背离（价跌量增），这导致了 D1 点后的跌幅不大。假如 D1 点后快速下跌且空间加大的话，那么当日大阴的可能就很大了，这里的原因是早盘形成的线斜率大，D1 点前横盘震荡时间长，破掉 D1 点一般是会引来急跌的，但是当日的走势是加速的形态，但是量能没有配合，出现了稍微一跌就放量，这也就堵住了下跌的空间。这种走势说明，今天的下跌幅度已经不小，后市就是再弱也是修正状态，不会再有大的跌幅。上午尾市，大盘形成另一个趋势 L2 线，这样的结局还是不太看好后市，因为 L2 线还是微微下跌的趋势。11:30—13:00 午休，13:00 后，大盘迎来另一个开盘，这个开盘有点不同于早盘的开盘，笔者总结午后的开盘，一般应注意以下几点：

1. 开盘后的气势。这主要看软件分时图上的红柱子和绿柱子的长短，如果前一分钟出现红柱子且很长，那么当天出现可喜走势的概率就大；如果出现绿柱子且很长的话，当天收阴的概率就大。不过这里对于红绿柱子的长短的表达不是一个量性的，而是要感觉，笔者觉得去认真地看那一分钟的红或绿的柱子的增长频度，越快越有可预判后市的作用。

2. 开盘的拉升。不太喜欢上来就拉升的，因为拉升耗资太大，如果不能有量维系，很有可能是一种快速回落的先兆。毕竟午后只有 2 小时，没有那么多时间给你修正，所以，有时反而是先开盘下跌，然后再起来为好。当然，遇到红柱子或绿柱子快速增长的那种拉升或跳水的走势，一般都是极端的，行情也就是极端的结果了。

3. 13:15 的转势。往往在 13:15 左右会出现转势，转势的时候要注意成交量变化、转势的气势（看红绿柱子的长短）等。

4. 与早盘关联。紧密联系上午走势遗留下来的关键点位，可以这么说，大盘是在早盘三点式后逐渐剥离开来的洋葱，前后关联度很大。

那么，我们现在来看看上图（图 7-9）的走势。

午后开盘后直接到了上午破掉的 L1 线的下方（见图中前一个矩形框），稍微软软地回档一下，便上破了 L1 线（见图 7-8 中第二个矩形框内），在 L1 线整固后出现一波拉升，这一波拉升大致起始于 13:15 左右，并且放量，这种拉升的可信度就加大了，随后稍微回档一下。这里注意的是时间段这个因素，之后，便开始再次拉升。这样的话，午后早盘阶段形成的强势就是真实的，当天收阳的概率大增，即使不收阳，能有此开盘（午后的），也能大致确保 L1 线的支撑，这也很不错了。这个例子有点特殊，但是特殊的走势也有必然的原因，其中上图有三个重要的迹象，一是下跌时出现的量价背离；其次是午后开盘后的红柱子很长；再次是两个矩形框处所示的指数迅速占领被破掉的 L1 线。其中最后一点一定要结合第一点的量价背离才更有说服力。

凡是急速上涨或下跌的，都会面临一种相反的走势的修正。

中盘和尾盘

中盘什么时候最关键？笔者的经验是 13:30—13:50 和 14:15。为什么呢？因为不管是多方还是空方，如果发动最后的攻击，一般需要在 13:30—13:50 进行选择，否则会因为时间太短有夭折的可能。这主要从时间方面考虑，发动时机太早，容易消耗能量，往往导致功亏一篑，这就像长跑比赛，一开始领跑的很难坚持到底，而发动攻击的时间太迟的话，则因为趋势已经形成短时间很难改变，而且从效果上来看也不好，往往也容易导致失败。所以，**13:30—13:50 发动攻击，14:15 后进行修正整固为好，因为 14:15 容易形成当日的高点或低点。**

到了尾盘，经过将近一天的多空搏斗，胜负已经有了大致的结果，除非

极端的走势(拉升和跳水),大多数情况下都是对前面形成的低点或高点的一种修正走势。由于临近收盘,失败的一方不愿意加大亏损而选择一种退避三舍的走势,所以,尾市一般来说都是小幅震荡,不太影响大局的。不过,由于收盘价对于大多数技术指标来说意义重大,所以,主力还是很在乎收盘的,俗称做盘。

对于尾盘的时间,有的说是45分钟,有的说是30分钟和15分钟,这其实都是一个大概,时间的长短与中盘的激烈程度有关。不过笔者认为后30分钟最重要,这30分钟的走向对于我们研究日后的趋势有着至关重要的作用,其平稳走势没有太多的作用,只有下跌和上拉有强烈信号作用。对于尾盘走势,市场上的股票分析方面的书有很多都讲到了,笔者只想从心理层面谈一谈。

当中盘维持一个下行振荡的态势,而在尾市又继续加速下跌的话,那么第二天的走势要结合最近几日的走势来看。如果恰恰到了某一关键的支撑位,就可能是加速探底的一跌,而如果此时是短时间的拉升的话,笔者觉得要小心,这是因为既然你前面是一个下跌趋势,而股民正受煎熬,正在酝酿是卖出还是守仓的时候,你拉起来了,那就是不让他卖,这又和中盘的下跌走势有点违背,只能说尾市拉升(时间段)是一种诱多,表明调整得不到位。相反,如果中盘是一个震荡走高的趋势的话,尾市如果不看好而出现跳水走势,将会选择在2:00左右,如果选择在尾市出现看似跳水的走势,那么诱空的可能就大。

不过,尾盘杀跌和拉升,一般都不要轻视。这要看杀跌和拉升的动力来源和成交量的配合情况来综合考虑。

对于尾盘的拉升:一般的解释是预示资金看好后市的发展而采取的主动搜集筹码的动作,不过笔者对尾市拉升不太感兴趣,尤其是对最后几分钟的拉升更是不看好。

- 牛市中尾盘拉升,一般在第二天还有一个冲高过程。
- 熊市中尾盘拉升,要看其形态是否是好的? 中盘是否充分整理了? 以上满足的话,第二天将有反弹出现。如果中盘跌跌不休,尾盘拉升,少于 30 分钟的基本可以归为诱多范畴,第二天仍有很大的概率是下跌,特别是那些短时间拉升急躁的,往往预示着一个调整要来临。

所以,尾盘拉升最好用"不以涨喜不以跌悲"为原则,如果走好了,再进也不迟,一波行情不在乎那一点点的先行空间的。

对于尾盘的跳水:一般解释是尾盘下跌预示后市状况不佳。

- 放量快速下跌,往往有可怕的利空,这需要快速规避风险。
- 无量跳水,多有诱空的嫌疑,可以先看后动。
- 如果下跌是靠权重股,那么也可以理解为做空的动能不足,随时都有止跌的可能。
- 如果中盘是冲高,而后转而放量下跌的话,最好卖出规避风险。
- 中盘处于胶着状态,而尾市跳水的话,说明多空还要继续争斗下去,往往表明空方还没有完全释放完毕,也应该回避。
- 如果从中盘末段开始跳水,只要不破坏中盘形成的关键位,在尾盘出现 20 分钟左右的横盘震荡,那么下跌势头也就衰竭了,不要盲目割肉,这就是为啥经常说尾市最好不要反弹的意思。

所以,尾盘跳水需要的是静心对待,结合前期走势和中盘的走势来分析,不要被表面化吓到而出现错误操作。

划线分析盘中常见图形

对于看大盘，我们还需要一些基本的技术知识，笔者通过实践发现，以下几种情况容易在每天的大盘里出现，这些方法同样可以应用到个股的分析上来。

● **上升通道：**

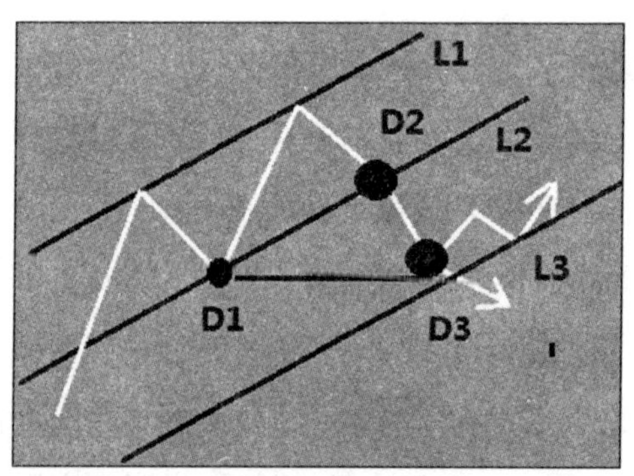

图 7-10 上升通道形态

上升通道是经常出现的一种形态，通道宽度太小太大都不好说，适中才更具有分析价值，L1/L2/L3 之间的距离应该选择等高度的平行线。D2 点处由于经过了一段时间的上升，多空双方容易产生摊牌的想法，多方因为上涨会产生出逃的想法，而空方因为股指的上涨而产生进场的意愿。在 D2 点处出现下跌后的 D3 点是一个关键点，他要和前面的重要点 D1 点相关联，多数情况下 D3 点在 L3 附近，往往会产生暂时的止跌走势，如果随后放量的话将可能走逐渐盘上的走势，如果没有量能，则跌破 D3 点后往往会出现急跌现象。

我们来看看爱建股份 600643(图 7-11)：

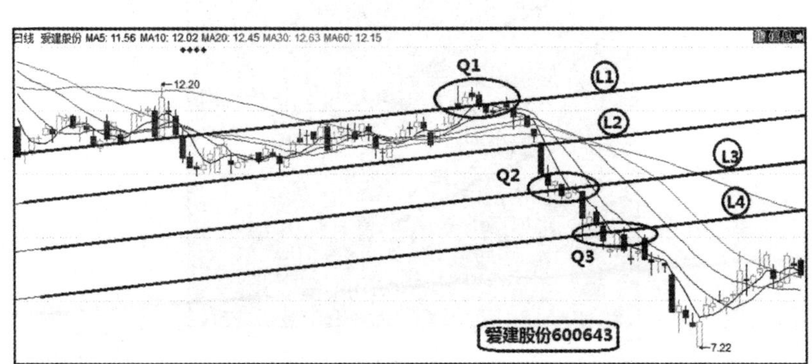

图 7-11 爱建股份选择下降通道

该案例首先有的是 L2 线，然后有了 L1。在 L1/L2 这个上升通道内，出现了在 Q1 处的突破走势，从效果来看是假突破。这里有一个判断方法：**一般一个上升通道突破，会继续走通道等距离的空间**。像该案例，就该在 Q1 处上涨等距离的空间，但是，没有，这个时候再次选择进入通道就要果断地卖出。

L1/L2/L3/L4 都是等距离的，跌破上升通道下轨后，恰恰在 Q2 处产生暂时止跌走势，后来不能有效放量，继续跌破，再跌一个空间段，在 Q3 处暂时止跌。能够联系下跌两个空间段，已经很少见了，那么再次跌破 Q3 后就不能再用等空间了，这个时候人们对该股已经绝望，所以，往往在跌破后出现加速下跌态势。

该案例选择了下跌趋势，如果是向上突破，也用等距离的平行线来分析。

● **下降通道：**

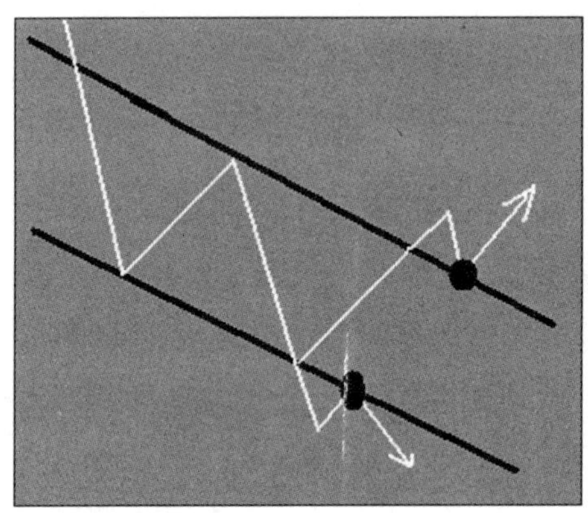

图 7-12 下降通道形态

下降通道在经过一段时间运行之后，会产生止跌或加速现象，图中（图7-12）下方的箭头就是因为多方组织不出来像样的攻势，只能溃败，此时会加速下跌，而上方箭头代表了多方主动回撤后开展有效进攻获得了暂时的胜利，这之后，下降通道的上轨往往成了突破后回踩的支撑线。图中下方黑点需要注意止损，而上方黑点处在确认有量的情况下应该考虑加仓。

● **下跌时的三角形整理：**

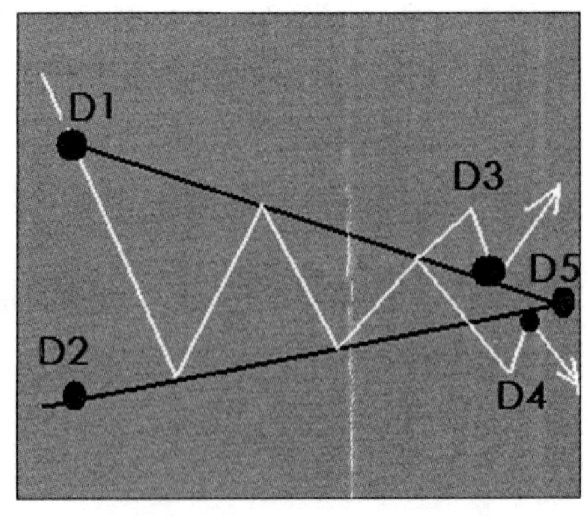

图 7-13 下跌三角形整理形态

在一个下跌的过程中,由于多空的磨合,会出现反复拉锯现象,这就像乒乓球落地的运行轨迹一样,逐渐地衰减,等到没有操作空间的时候便也到了三角形整理的突破选择的时候。见图中(图 7-13)的上方箭头和白色线表示的走势,D3 点处出现三角形突破后整理确认走势,之后的上升量幅大致是图中 D1 到 D2 的竖直距离;D4 点处出现三角形整理失败，其下跌量幅大致也是这个 D1 到 D2 竖直距离的长度。对于三角形整理,大致需要注意上图的 4 个点,以在 D3/D4 点处突破最为有效果。不过,随着股民技术的提高,现在的主力洗盘也很难了,目前好多情况下在三角形整理的末端才出现方向选择。三角形整理突破的量幅往往具有很高的参考价值,所以,一旦突破就要做出相应的操作。对于这种三角形整理,在 D3 处不要着急买进,在 D4 处倒是应该果断的先行规避为好。

● **上升三角形整理:**

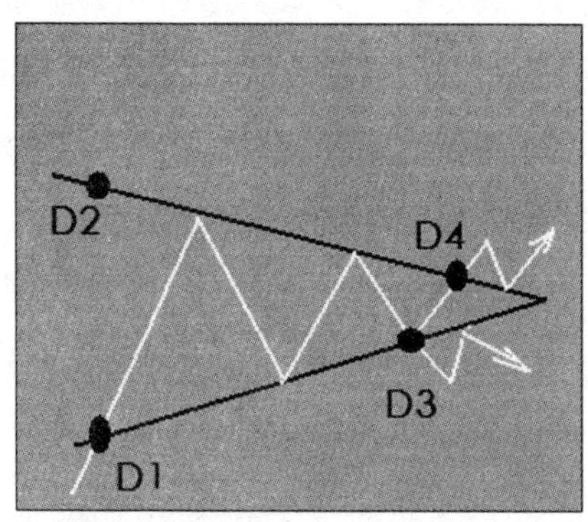

图 7-14 上升三角形整理

有时股价经过一定时间和空间的上升，出现获利回吐的压力后出现了高位震荡,震荡的时间要看前期拉升的空间的大小。看下图(图 7-15):

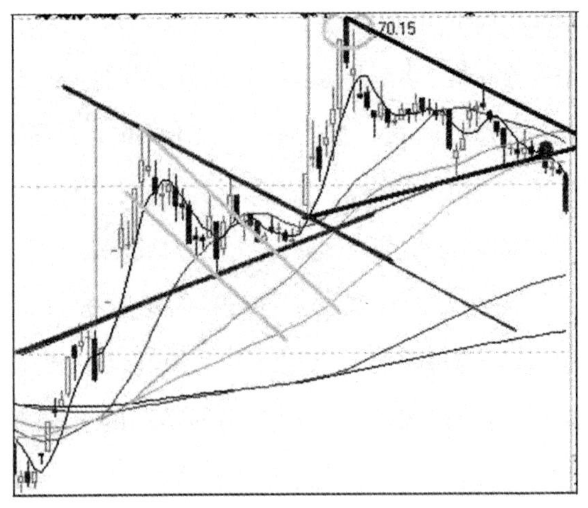

图 7-15 双三角形整理

该股经过大幅拉升后出现了高位整理，然后又拉升再整理，最后选择破位。对于这类大幅拉升的股票，其第一次整理后往往还是有短线的机会的。因为，大幅拉升积累的获利筹码因为太丰厚而积累了很大的风险，一般不容易让散户再跟进来的，既然万般拉抬皆为出货，那么出卖自己的筹码就是主力的美梦，但是大幅拉升后就跌跌不休，散户是不跟进的，所以，对于那些大幅拉升的股票，你只要注意他们的量能，往往短线获利丰厚。上图第一次震荡先是下降通道，后来形成突破，然后就又形成了三角形整理，而这个三角形整理的下边也便成了支撑线，等到均线再次顺畅的时候该股跳空高开且放量(不放量不好跟)，拉开第二次拉升的序幕，最后用大阴结束拉升。这里笔者给大家一个小建议，好多投资者不知道怎么卖，其实，对于这种拉升走势的个股，第一次出现阴线，只要实体过大就先出来，或者你分不清后面到底要干吗了就先卖掉。另外，您再看看第一个三角形的量幅和这次再度拉升的量幅基本是一致的，既然这个时候出现了大阴，那就只有一个想法——先出来再说。该股第二个三角形整理后破位，请看，两个三角形的上边线竟然形成了一个大幅度的下降轨道，那么破位走势的量幅大致也就明白。

● **箱体震荡：**

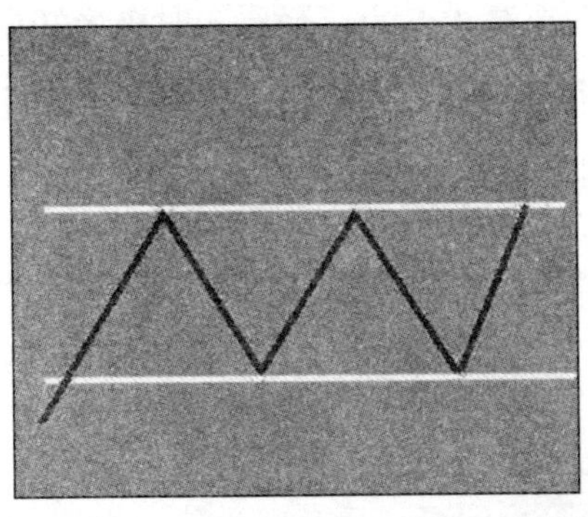

图 7-16　箱体震荡形态

箱体震荡往往有点类似于上升通道和下降通道，只是斜率小。箱体震荡是最折磨人的走势，这种走势往往产生在一种大势关键的时候，多空都很难有个明确的方向，散户最好不要介入这些股票，因为高抛低吸说起来容易，但是做起来太难，尤其是那些震荡空间不大的箱体，简直就是散户资金的坟墓，远离！

● **头肩底：**

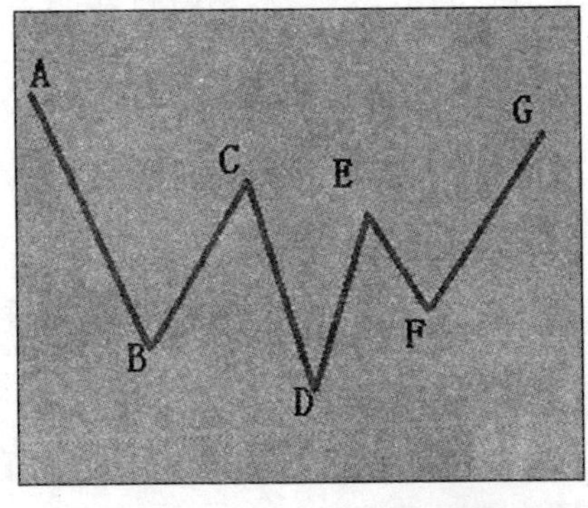

图 7-17　头肩底形态

现在简单的头肩底不多见了，在这种走势里往往含有很多复杂的走势。对于这种走势，笔者认为主要考虑的是 AB 和 DE，如果 AB 下跌迅速，空间

跌幅也大的话,DE 就最好不要太快速,否则将加大 E 到 G 的运行时间。对于头肩底来说,F 点一般要高于 B 点,而买入时机最好在突破 CE 连线且放量的时候再考虑,不然很有可能进入一个箱体而不能自拔。下图(图 7-18)是笔者在博客里分析当时大盘时用到的图。

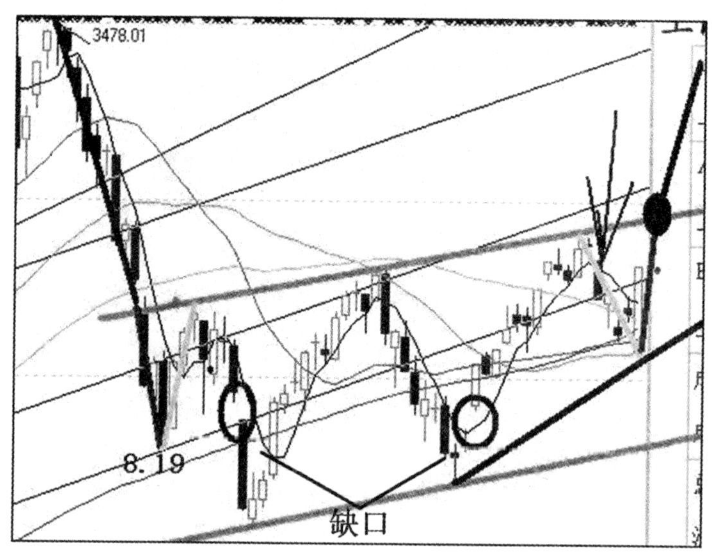

图 7-18 非对称岛型反转

这是 3478 点后走出来的图形,一个相对复杂的走势,有点类似头肩底的感觉。而且,笔者在当时的博客里提到其中的两个缺口(见图中的两个圆圈处),当时用“非对称岛型反转”来说明后一个缺口的突破有效性。关于箭头所指的那一周的调整,笔者写道:“从 3478.01 开始快速下跌后到目前的 K 线形态,从美学的角度来看,上周的震荡回调相对对称地‘配合’了前面‘8.19’那一波。从这一点来说,利空影响下的后市,不排除强拉的可能。”这句话考虑的是 3478 点下来的速度快和空间大两个因素,直接破掉上升轨道上轨的话,盘面显得轻飘飘,故有此说。下图(图 7-19)是在上图之后的周 K 线图,对于这张图,笔者是这样描述的:“从这次反弹以来的走势来看,本轮行情应该在 3385 点附近有压力,至于过不过 3478 点我觉得没有意义,从形态美学的角度来看（可以结合5月30日和2008年的6月前后的走势来分析），本轮反弹最好不要超过3478点，这样也许更好更健康点。”

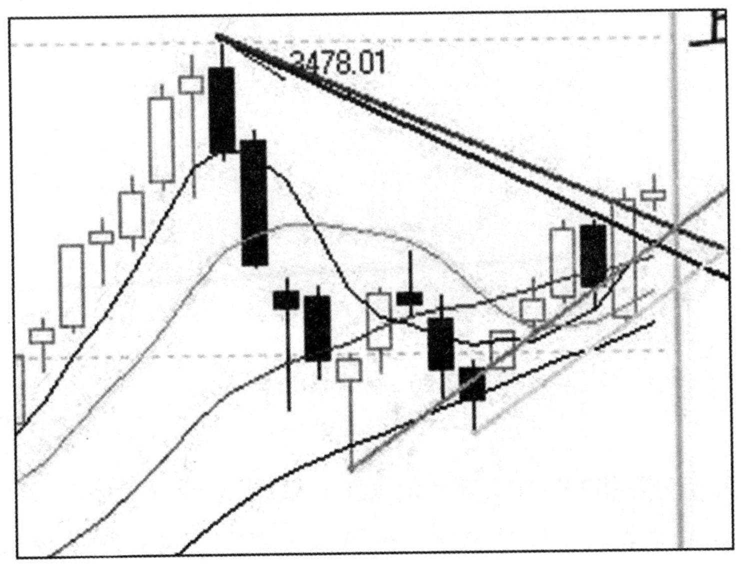

图7-19 下跌的速度和空间

对于随后的行情能否破掉3478点，笔者当时是这么描述的：“从3478点下跌的速度和空间来看，这一波最好别过3478点，大致在3385点附近有压力。”这种分析还是考虑到下跌的速度和空间的双重原因，如果一时兴起，突破3478点的话，那么将来带来的调整将是惨烈的，这也就是老股民常说的时间换空间的原因。大盘最终在3361点遇到压力而出现了回调。

对于股市的分析，我们不能只局限于几个指标，也不能只局限于解读国家的政策，而是要将这一切都糅合到一起，反复推敲才行，这也就可以理解为啥股市分析里有黄金分割了，笔者的美学、对称等也是基于此。

● **头肩顶：**

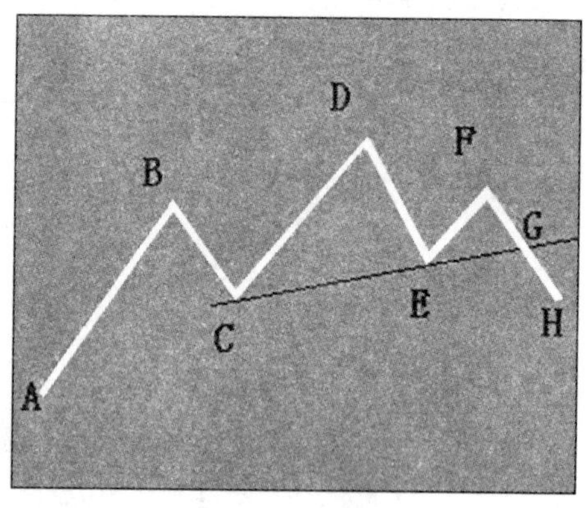

图 7-20　头肩顶形态

这种走势往往产生在头部和阶段性头部，从 A 到 H 时间越长，向下突破 G 点的时候威力越大，对于这一点，大家最好在 G 点选择向下的第一时间卖掉。

在头肩顶走势中，C、E 连线将是随后验证是头肩顶还是 W 底的关键的一条支撑线，也就是说，在 G 点很有可能主力没有达到出货的目的而再次出现放量拉升的走势，从而宣布头肩顶走势失败。在这种图形的情况下投资者很容易碰到"模棱两可"的分析。此时，如何对待这种"模棱两可"的话呢？

这里，之所以将模棱两可加引号，是因为有些不是模棱两可的话，而是很科学的话，不过，因为大盘走势是随时在变动的，让一些不懂技术的人认为是可以断定的，才造成了这种看法。比如"XXXX 点不可破"，其实这句话不是强调该点绝对不能破，而是强调该点位的重要性，一旦破掉，就要做出相应的应对操作，而往往有些人去过分追究不可破的断言，这就将分析者的话看得不准确了。

● **扇形线：**

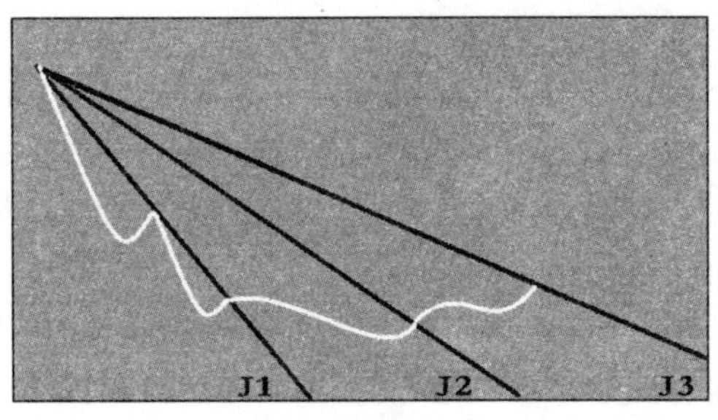

7-21　扇形形态

这种形态很常见，多数在头部和底部区域，这对于买入和卖出时机的把握是一个很好的办法。

这是下跌扇形，它往往在突破第三根压力线的时候与头肩底有点类似，这种走势常常出现在大跌后的回归走势的图形中。

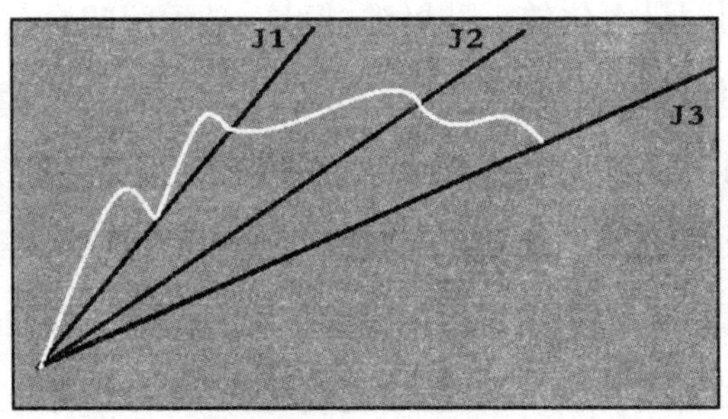

图 7-22　上涨扇形形态

这是上涨扇形，它大多情况下出现在拉升行情的末尾阶段，尤其是跌破第三条线的时候一般都是要选择清仓观望的，局部有头肩顶的味道。

扇形线很复杂，但对于大趋势的判断具有很强的辅助作用。

趋势破掉的应对方法

前面的形态都是需要熟记于心的，也代表了一种趋势，但在这行中，这种趋势却常常会遇到破位的情形。

对于趋势破位有以下 2 种对待方式（无法判断其优劣，但在考虑大盘后再做决定的话胜算稍大一点）：

1. 破位当天清仓。

这类想法很简单，后市不明，不参与确认过程，等确认后再行介入。这种方法的优点就是可以抛掉“不确认性”，规避风险的意识强点希望大家以后采取这种方式，强迫自己出来，这种方式可以少得心脏病。

2. 不出，等确认。

这是寻求利润最大化的一种思维，但是，必须问问自己“如果反弹了我出不出？”，“一旦确认了，而我又赔了，我还舍不舍得出？”这种方式如果不能很好地解决这两个问题，一般是要扩大亏损面的，但是往往大多数选择这种方式。还有一个更可怕的，那就是一旦确认，股指又下降了一些，心里不免对后市反弹的预期更加强烈，造成亏损继续扩大。如图 7-24，2008 年 8 月 5 日 J2 出现破位，后在当年 8 月 8 日的 J3 处确认 J2 的破位成立，就要最后清掉。

不过，笔者对这种趋势破位是这样看待的，相信自己的分析，破位后的当天会抛掉，不等确认的过程，一旦确认是假破位的话，会选择在放量上涨的时候再度进场。

对于破位后的下跌，这样的例子太多，拿股指期货推出后的 A 股的走势来说，这种情况非常分明。

在 2010 年 4 月 10 日这天，笔者对下周的大盘这样分析到（见图 7-23）：

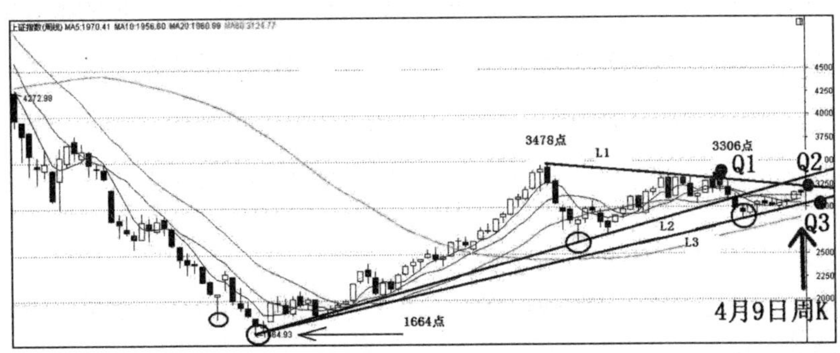

图 7-23　4 月 10 日大盘方向的选择

这是当时的沪市周 K 线图(图 7-23),从该图来看,我们应该首先了解以下几点,这也是客观分析必须拥有的,这些感官和对历史走势的初步认识往往对后市有很大的意义:

1. 1664 点到 3478 点的过程,只有 2402 点出现了大幅整理。

2. 3478 点后强力回调,后来再次冲高 3306 点,但随后第二周出现了破位走势,即图中的 L2 线破掉。

3. 破掉 L2 线的大趋势后,股指再经过 2 周整理,便开始了盘升走势,但是这种走势不是那种强势的上升。

4. 到了 4 月 9 日那一周,出现了光头阳线后的阴线,笔者一般不喜欢光头阳线。笔者是这样理解这种光头阳线的,既然你光头阳线,那就是盘中的买盘力度很大,既然买盘力度很大,为什么随后的 K 线就该是跳空上升,但却出现阴线,这就反映了那种靠尾市拉升出光头的阳线的不可靠。

5. 1664 点以来形成一个大型三角形整理,目前面临三角形末端。从时间来看,3478 点后的调整时间不够长,不足以消化 1664 点到 3478 点的巨大涨幅,故此,笔者当时说:“今后所谓突破,就指的是上面的 Q1,也就是那个悲惨的一周的最高 3306.75 点,这一点不过去,就必须快进快出。从形态上来看 Q2 突破应该在延后几周(大致在 3230 左右),也就是说,下周如果突击到这个地方的附近吧,就要先考虑卖,这是先上涨走势的操作。结合最近 2 周的 K 线,不排除复制本周走势的可能(也就是说在下周五狂涨一下,收一个阴

星)。但不管上面哪种走势,3100 点都应该考虑的是卖,而后一种的走势倒是在 3230 附近要看当时的环境来说了。从时间来看,下周三的午后和下周四的午后将更为关键。绝对看好一定要等突破 3306.75 点再说。”最后一句话强调了前次欲突破的高点 3306 点的重要性,是结合了时间和空间的因素来说的。

图 7-23 中的 Q3 一旦破掉,将使得整个形态出现加速下跌趋势。例如奥运前后的走势。

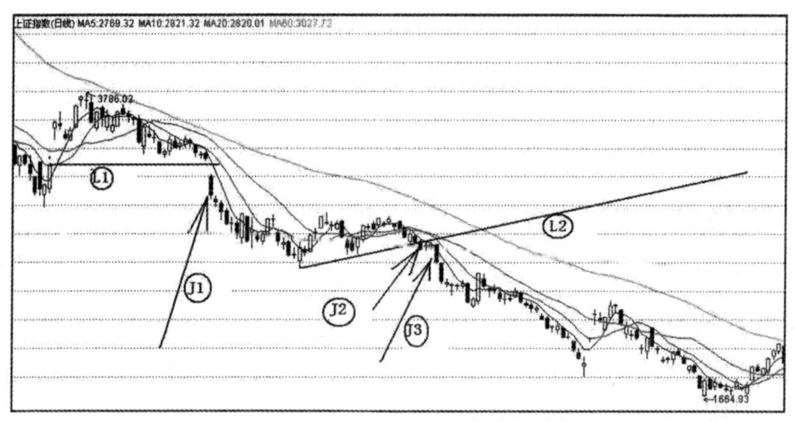

图 7-24 奥运前后 K 线图

这张图(图 7-24)是上证指数在 2008 年奥运会前后的 K 线图,其中有 2 次大的趋势破位,箭头 J1 所指的地方是一个大型的岛型反转,箭头 J2 有一个趋势破位。

这里提到一种典型形态:岛型反转。这是一种形象化的语言,如上图(图 7-24)左上角,一个前后 2 个缺口的图形,如果用一条水平线穿过 2 个缺口,上线都不沾上 K 线的就叫岛型反转。岛型反转的量幅一般是这条线的上(下)面有多长,下面就要跌(涨)多少,力度很大。如果是下跌的岛型反转,最好是先行出来规避风险为好。

像这种趋势破掉了的就不要忍无可忍再忍忍了,那真的是得不偿失的。

趋势的安全性

当然，对待一波行情，有时我们捉的是黑马，可为什么没有骑住？这里的问题很明显，那就是对趋势的安全与否没有一个很好的认识。

看下面的例子，600326 西藏天路（图 7-25）。

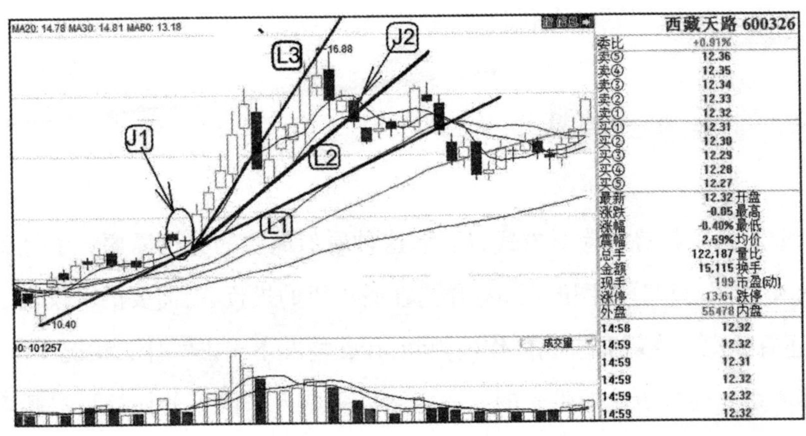

图 7-25 西藏天路

该股在决定拉升前一个最关键的洗盘动作来自于上图的 J1 所指处，对于这类形态，如果你手里有该股就不要轻易放弃，其看盘的技术分析要点是：

1. 先有一条支撑线 L1。这是该股拉升前酝酿阶段的一条趋势线，只要它不有效破掉，就不要妄自言空。

2. J1 前只是两根阳线而已，不是太大，距离 5 日线并不远，而主力此时却来了调整，大有小题大做的意思。

3. 距离 L1 支撑线也不远。

4. 值得去考虑 L1 线的支撑有效无效后再做买入和卖出的动作，而不能因为有了 J1 处的阴线而落荒而逃。

另外,该股还有一个卖出的问题。一般主力要拉升一只股票,会因为受到各种外因和内因影响而产生回调，但基本到最后的拉升期,K线形态上会有一条显著的上升趋势线，该趋势线大多都会超过45度角（见上图的L2线),而卖出时机就是破掉L2线的时候。笔者的做法是:不管有效无效,只要破掉就走人,而不去贪图随后的鱼尾行情。这也是笔者前面提到的应对趋势破位的做法。更安全的情况就是上图L3破掉就走不过,一般主力会在L3破掉后的鱼尾行情中有一个反复,这个反复一般很短,所以好多情况下可以等待L2线的出现,以期扩大利润。

买卖股票的铁律

前面说了趋势的应对方式,但是,这种看似简单的分析需要大量经典案例的K线图形和分时图的沉淀。作为在股市里的投资者,需要的不仅仅是战斗,还有休息。这就要求我们作出判断,什么情况下出击?什么情况下休整?这些才是上述分析法要带来的。而对于大多数人来说，分析技巧学起来容易,克服自己的心理弱点太难,没有规矩不能成方圆,要有哲学家的思维和军人的果断才行。笔者通过大量的案例和实战操作经验,总结出以下买卖股票的铁律:

- 大盘形态不好绝不进场
- 个股形态不好绝不考虑
- 认真分析个股的历史走势
- 不熟悉的绝不碰
- 买之前必须思量再三
- 卖股票一定要果断
- 大势不明先出来等待或持币等待
- 认真分析当日的政策信息
- 出现实质性利好而不涨的卖掉

- 高位放量滞涨的卖掉
- 连续拉升后出现阴线的先卖掉
- 基本面出现不利于主力资金运作情况的卖掉
- 高位横盘后破掉的卖掉
- 连续没理由地放量下跌的卖掉
- 股评一致看好的卖掉
- 形态不错却出现破位的中长阴线的卖掉
- 连续操作成功要空仓休息几天
- 连续操作失败要空仓休整几天
- 题材股疯狂宜快进快出
- 熟记上千种 K 线图和分时走势图
- 杜绝爱吃鱼头、鱼尾的思想
- 株连九族法买卖股(考虑龙头的相关联个股和板块)
- 高位出现两根小阴线,如果随后一天出现实体向下缺口,必卖
- 无来由跌停必卖

本章小节

● 小单子大效率才是最好的量能。

● 每天的开盘价是多空双方搏斗的结果，代表了多空的一种趋势，在一个上升(下跌)的趋势中，开盘价若是高开(低开)，一般是要沿原有趋势走下去的。

● 集合竞价的第一笔是很重要的参照物。

● 早盘形成的趋势一般的情况下是要跌破的，从而在中盘再次形成一种温和的趋势。

● 当中盘维持一个下行振荡的态势，而在尾市又继续加速下跌的话，那么第二天的走势要结合最近几日的走势来看。

● 尾盘拉升最好用“不以涨喜不以跌悲”为原则。

第八章 划线实战十二例

第八章　划线实战十二例

再好的技术，不经过实战演练，都很难说服人，笔者通过对在博客中提到的大量案例加以解析，用“厚黑操盘学”的技术分析法实例分析，以期展示给大家一个不同视角的看股方法。

实战案例之一：城头变幻大王旗

有些股票很活跃，不是简单的趋势线能表达的，但是，从长期来看，它们又能回归本源，而这些个股恰恰因为活跃才能带给我们利润，我们要做的就是跟随它们的变化而加以利用。压力线和支撑线往往会互换，而在分析中应该坚持动态的思想。

000811 烟台冰轮，看图（图 8-1）：

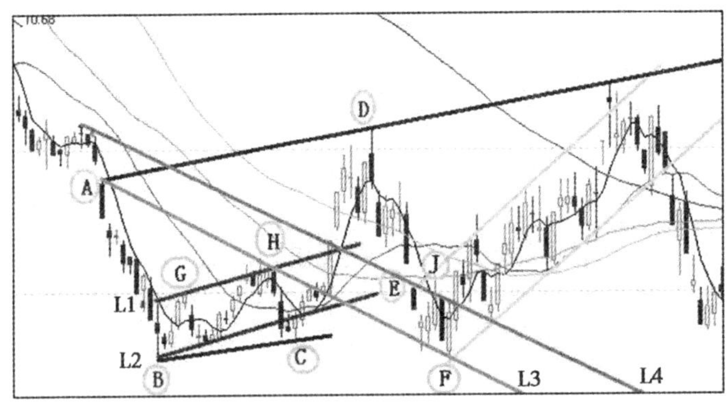

图 8-1 烟台冰轮

【实战技术心法】:

A 点是横盘后选择向下突破,且形成一个跳空缺口,这个缺口的上下都很有可能成为将来划线的起点。

B 点是快速下跌的重要止跌点, 经过 B 点止跌震荡后形成了 L1 和 L2 两条支撑线,同时找到上面的 G 点,从而形成上升通道,后来在 C 点出现了破位。但是这种破位只用 3 天就再次站上通道内,属于假突破(笔者还是觉得不管真假,破掉的第一天先出来规避),但此时形成了另一条线,即 A 和 H 的连线。而该股恰恰在 C 之后放量越过了 L3 线而形成短线拉升走势,这说明,在划线进行分析的时候,随时会产生新的压力线,而这些压力线因为时间稍长反而显得更重要,该图反映出来的就是后来形成的 L3 倒是比最开始用的上升通道要可靠得多。从突破这天看,重点转移到 A 和 H 的连线突破上来了,突破的时候又形成另一个相对平行的高一点的支撑线(图中 L4 线)。

突破后的拉升,笔者坚持用逢阴线就卖的原则(不一定对,但可以规避风险),该股上面的十字星就是出来的机会。有 C 点后,形成了 BC 连线,然后过 A 做该线的平行线,形成一个新的上升轨道,非常巧的是该股恰恰在这条过 A 点的平行线上遇到了压力从而结束拉升。

后来下跌又有缺口 E 点成为重要点，最后在 AH 线获得支撑，产生 F 点，EJ 点先形成一条线，然后过 F 画平行线，形成上升通道。很巧合的是，这个上升通道的最高点仍然受制于 AD 这条线，不觉得奇妙吗？

对于上升通道，笔者的做法是上轨先卖掉，下轨有量才能再介入，这才是划线的重点。

实战案例之二：年线，大时代的开始和结束

年线、半年线、60 日线在股票分析中占有很重要的地位，它们之间的金叉死叉会引发一个大的变动。

000961 中南建设（原来的大连金牛），看图（图 8-2）：

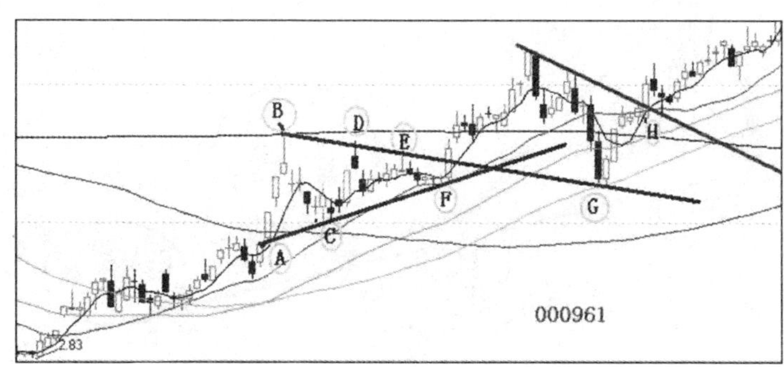

图 8-2　中南建设

【实战技术心法】：

该股在 A 点形成突破缺口，拉升遇到年线 B 点回落整理，形成 A 点突破后的重要支撑点 C 点，进而形成 AC 支撑线。这个时候还没有三角形的形态，只是在 B 和 C 之间形成一个小的下降通道，后来创出 D 点，三角形态出现，后来形成 E、F 点，在分析 F 点后的走势的时候，调整为 BE 连线，而不用 BD 连线，因为有更多的点靠近 BE，说明受 BE 连线压制得更直接。后来中阳

线突破三角形箱体,拉升后形成压力线,而回踩的低点恰恰在 BE 连线获得支撑,同时也是 F 点的启动位置,获得支撑也是大概率事件了,形成 G 点,然后在 H 点中阳线突破,突破后三天回踩刚突破的压力线,从此绝尘而去。

该例从技术上说明了年线突破的重要性和分析的灵活性（BD 还是 BE 就是灵活的表现,坚持选择那些多数点都亲和的线为主)。

实战案例之三:X 线分析法

现在的股票运行中往往出现下图这种 X 走势，它们一般都产生在一个大幅震荡的股市里。掌握这种分析方法可以带来丰厚的利润,但该方法不适合死多和死空。

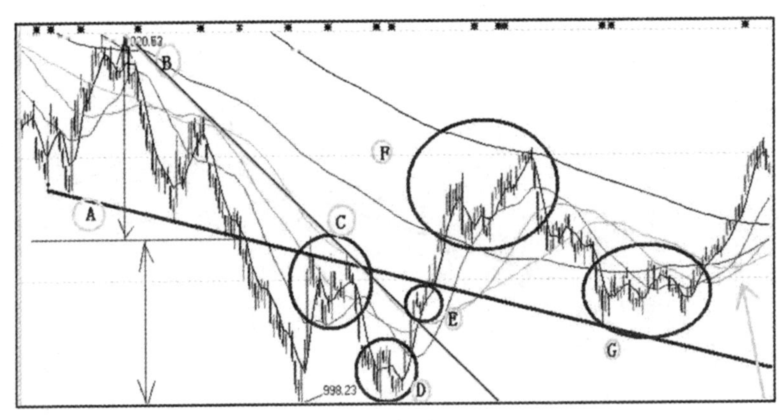

图 8-3 大盘

【实战技术心法】:

A 线 B 线形成,在跌破 A 线后大盘加速下跌。这一点提醒我们,一个经过充分盘整的重要支撑位一旦破掉,不用考虑别的,第一时间卖掉筹码。也许你赔着点,但是不卖的话会伤筋断骨,留得青山在,不怕没柴烧,还是先卖为好。

破掉A线后的量幅，看图，大致相当，这也给我们一个量性指标，想建仓就在量幅差不多的时候进场，安全性相对要高一点。大盘跌到998点后绝地反击，快速拉高，这样做在图形上感觉就不美，而C圈内震荡的时间也不够长，也完全受压于B线，二次探底也就必然了。有趣的是D圈，反复地换手，但不破998点，这主要是998点快速拉起的功劳，你只能认为有资金不让在破千点。虽然D圈经过了反复换手，但是时间还是不够，图形上看起来有点头重脚轻根底浅，这就反映出底部不够扎实，还有反复。后来运行到E圈，恰恰是AB两线交叉处，如果这个时候再度下跌的话，底部可能够更扎实。但是，主力不想在底部沉迷太久，还是稍有震荡就上攻，最后遇到年线的压制再度回档。读者可以看看，G圈的震荡换手时间更长了，一直等到年均线有走平的迹象为止。这里也给我们一个方法，那就是均线顺畅。注意箭头处，均线从F圈的均线向下到G圈均线向上，许多股民只知道金叉，**实际上应该是：均线趋势向上+金叉才是真的金叉**，特别是像20、30、40、60等中期均线向上，而5日、10日均线向上与他们形成金叉的话，你大胆的买入，肯定不会有问题。假如10日均线向下，而5日向上穿过10日线，形式是金叉，但绝对是假金叉，不可进场。

BC和AG形成明显的X线。

实战案例之四：旭日东升

我们很多人都听过这么一句话：横有多长竖有多高，但是我们往往不是买早了就是买迟了，大多数多人难以在启动点抓住。去海边旅游的朋友，总是想一睹海上日出的壮美景观，其实股市里何尝没有壮美景观？

这种旭日东升的走势常常出现在强势股除权后，而中短期均线系统多数情况下是黏合状态。

华谊兄弟 300027 请看图 8-4：

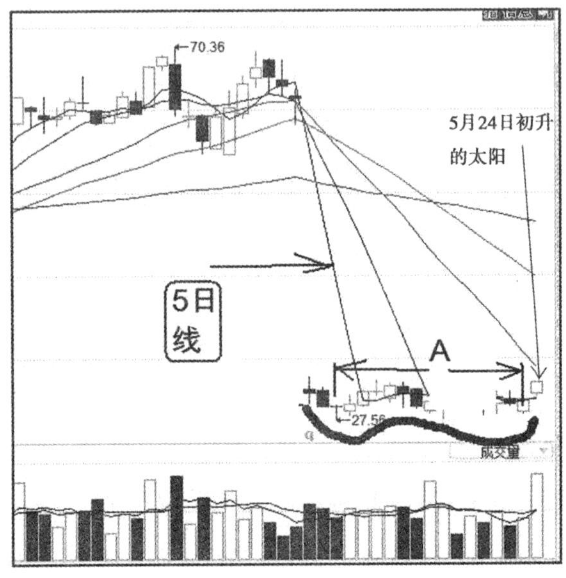

图 8-4 华谊兄弟 5 月 24 日前

【实战技术心法】：

笔者在 2010 年 5 月 24 日的盘中提到该股，其要点是：

1. 大盘反弹，还是概念股等中小盘股先行。

2. 该股被散户认为高估(实际是专业人士高估，散户也认同)。

3. 除权后出现一个横盘整理，从美学的角度看，正如图中黑线所示，像两只手组成的爱心手势，其关键就是右面的有可能超过最左面的(见图中除权后的走势)，这种超过如果有效必须有量。

4. 除权后 5 日线强势走横，这种走势如果出现放量的 5 日线上拐头，短线空间可以期待。

5. 当天走势基本都在分时图的黄线之上，显示了一种强势，这种走势往往是有资金进场。

大家把 5 月 24 日后的 K 线隐藏起来再看看 K 线图形的形态，那 5 月 24 日的一根 K 线多像是一个初升的太阳，这种形态还配合有适当的量能。此时量能不要太大，只需比昨天的量能多几成就可以，一旦成交量过大，对后一个交易日的量能是个考验，不如温和地放量。在底部突破时放大量的多发生在那些筹码不够，且时间紧迫的庄家身上，但也预示一种短线的拉高建仓，散户往往不易把握。

这种案例很多，但是抓不准的话很容易掉入鱼头阶段整理，该图形的关键是量价配合与图形左边的高位。下面再来看一个案例，如图（图 8-5、图 8-6）：

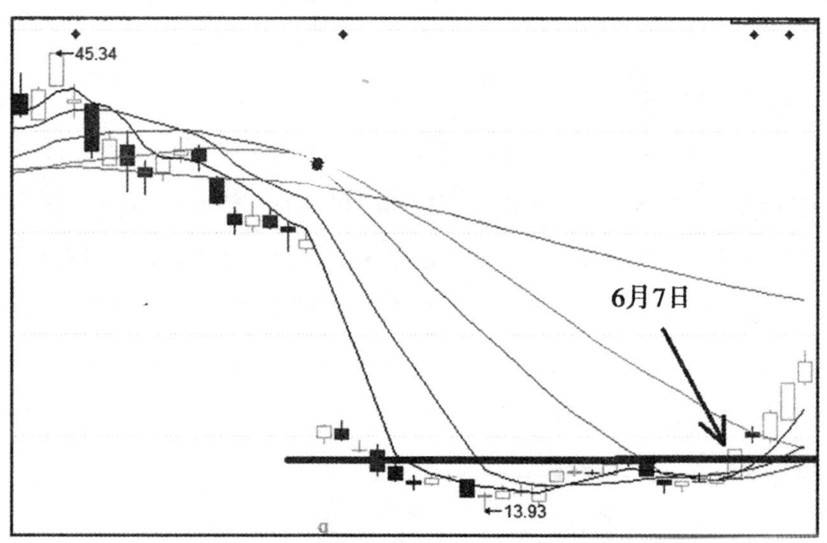

图 8-5　网宿科技

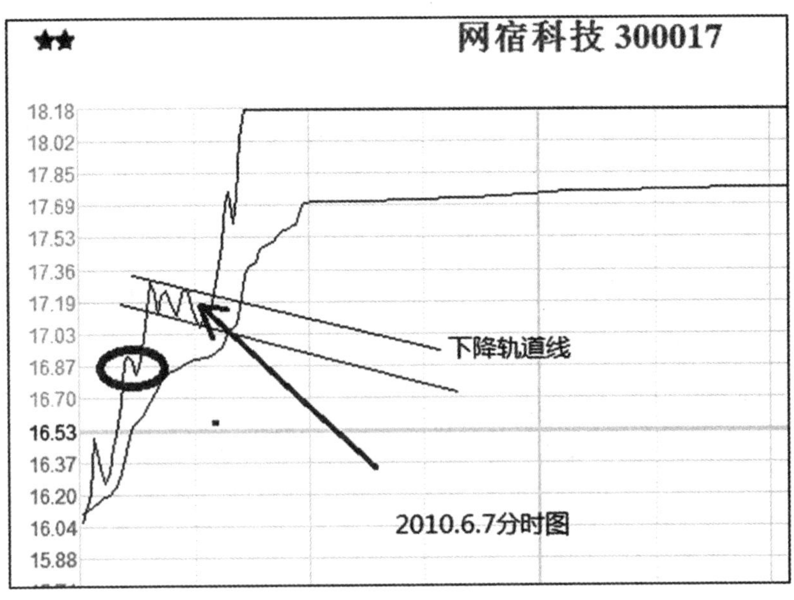

图 8-6 6 月 7 日网宿科技分时图

【实战技术心法】：

该股是 2010 年 6 月 7 日在盘中直播时提到的一档股票，因为有了上面华谊兄弟的案例，对待这类图形就要加以关注，当天吸引笔者的也就是该股的这种形态（这也说明熟记多种 K 线形态的必要性）。当然，千余只股票怎么就能抓到这个瞬间？说起来很简单，我们所用的股票分析软件都有一个功能，那就是短线精灵，该功能给出的股票繁多，但大部分是以量能为前提的，而我们在用到该功能的时候就要进行筛选。

在考虑了该股的日线图形后，当日的分时图上有以下几点支持买入（见图 8-6）：

1. 小型下降轨道。一般拉升后能形成横盘或小型下降轨道的都要给予重视。

2. 图中的圈处。这一点很重要，该圈处是第二波拉升，有一个小小的回档，而随后的小型下降轨道始终没有侵犯该圈处，足见强势。

3. 当时放量。没这一点不谈买的动作。

4. 后来的买入点就是放量突破小型下降轨道上沿的时候。这个是大多数朋友不容易把握的，往往在这里会出现问题，提前介入后，下降轨道没有上突破，导致套牢，所以，买入动作是建立在“向上突破下降轨道上轨”这个现象之上的。

该股在2010年6月8日收出一根高位十字星，该位置恰恰在该股除权后的成本区，而随后的买入点就是2010年6月9日，而不是十字星这一天。原因很简单，出现阴线后我不知道会不会继续震荡，不确定就不要急于吃进，而选择在随后一天吃进是因为十字星所处的成本区和放量这个动作暴露了主力的意图。

实战案例之五：好形态不代表就能买

形态好不一定有买入机会，这里强调的是跟踪的必要性。跟踪是一种动态的科学的分析方式，更大程度上可以杜绝失误造成的损失。

002107，沃华医药，形态良好不代表有介入的机会，如图：

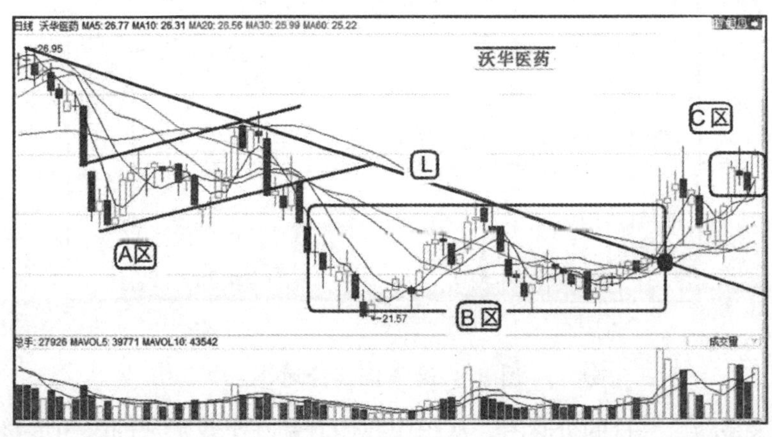

图 8-7 沃华医药

【实战技术心法】:

截止到2010年4月26日,该股的走势形态还是很健康的,从高位下跌以来,在A区有一个充分换手,跌破后继续在B区作出一个时间稍长且复杂的W底形态。到黑点处面临W的最后一笔和压力线L的压力突破双重问题,该股也做得非常圆满,放量突破,且在C区走出一个上攻K线组合来。而且,之前会试了突破后的压力线L的支撑力度,从这张图来看,形态相当的美观,加之社会医药板块风头正劲,于是笔者在这一天收盘后(2010年4月26日)写博文提醒跟踪。但是,在紧接着的一个交易日(2010年4月27日),该股表现相当狼狈,见下图:

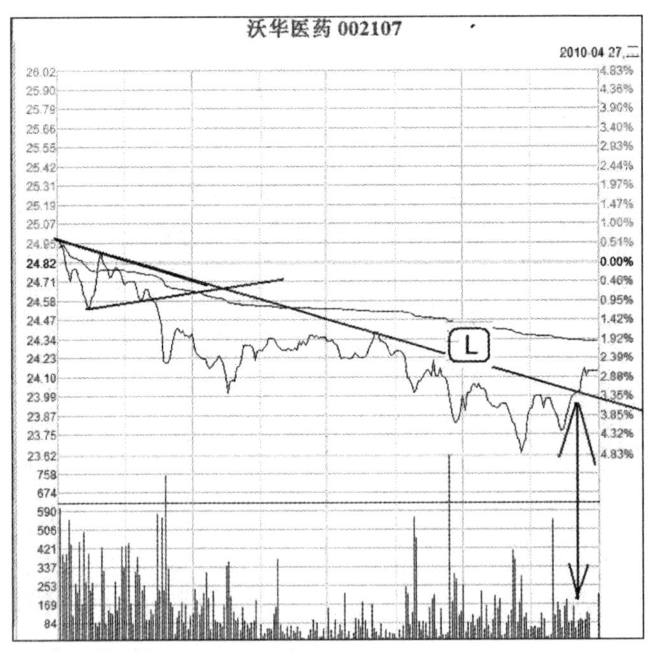

图8-8 沃华医药分时图

这是随后一日的分时图，从图中我们看到在早盘形成的三角形整理的走势早早地被放量打破，方向是向下。这种带量的突破往往是一种趋势走向的信号。随后，这个股票基本在早盘形成的压力线下和分时图黄线下运行，只是在尾市有点上翘。可是，狐狸的尾巴也就在这个时候再次的露出来，大家仔细看，尾市量价配合不理想，是背离走势，这预示随后的交易日仍旧不会好。这也就是我们前面强调的：安全起见，**（分时图）黄线下方绝对不买股票！**但有些朋友往往认为这是某某说的股票，既然现在下跌了，股价就低了，便宜啊，就买了，那就会很惨了。这说明一个良好的技术＋纪律是多么的重要啊！

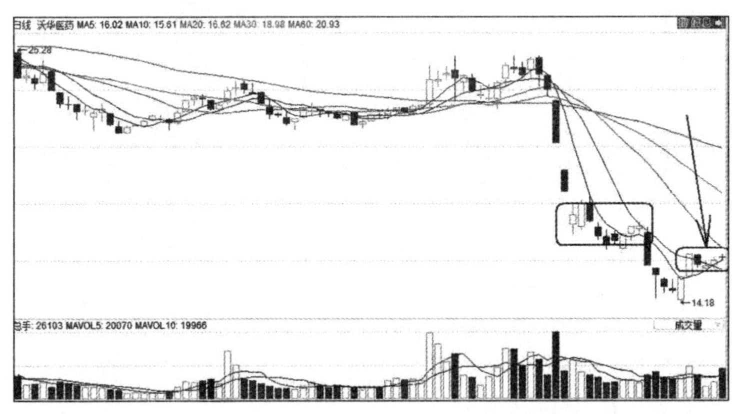

图 8-9 沃华医药整体形态

截止到写书时，该股到了这个形态处（箭头处），又出现了可以跟踪的机会，那么随后的交易日会有机会吗？从跌幅来看，机会应该是不小的。这也告诉我们，卖出和买入是相对的，没有什么对与错，只能是顺势。

实战案例之六：一阳加双阴

所谓福兮祸所依，塞翁失马焉知非福。下面的案例是一个机会与风险都很明显的 K 线组合“一阳加双阴”形态。

【实战技术心法】：

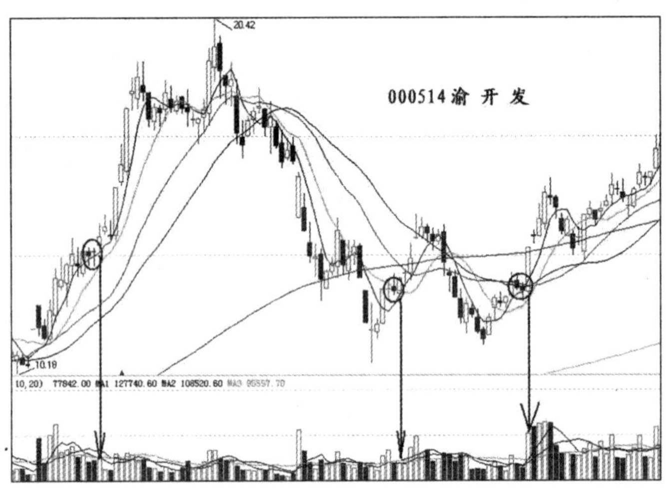

图 8-9 渝开发

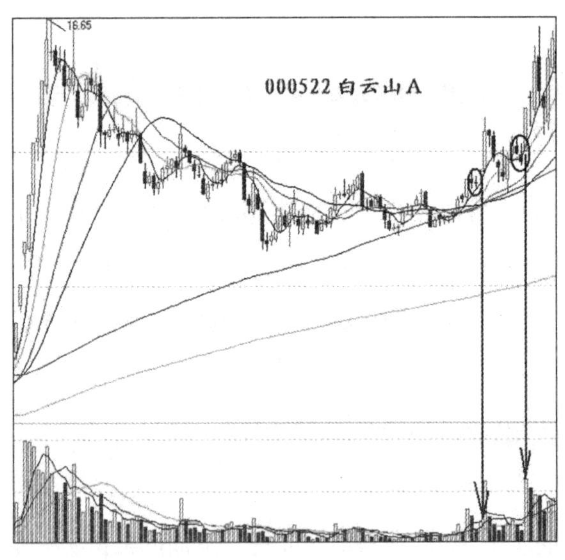

图 8-10 白云山 A

这种“一阳加双阴”的 K 线组合往往出现在一个不算太大的反弹空间，

这时大盘环境一般是向好的或是震荡的。其要点是首先需要第一根是中阳以上的上涨阳线，双阴的主要问题是需要K线实体不要太大，以阴线为最佳,其心理层面的含义是:股价到了一定的程度后,主力需要洗盘震仓,将不坚定的筹码给震掉。之所以说阴线为佳就是看中了阴线的唬人作用,散户因为股价长高但出现阴线感到害怕而卖出。这种K线组合出现后,不要急于进场,而是要在随后的一个交易日加以关注,这随后的一个交易日需要:

- 开盘最好高开,不可低开留缺口。
- 成交量不能低于前面两天的调整均量,以温和放大为佳,如上面两图(图8-9、8-10)的圈处所示。

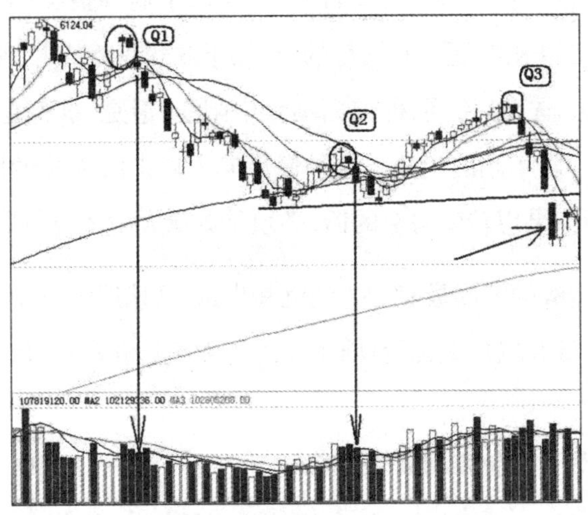

图8-11 一阳加双阴的风险

与上面说的机会一样，阳线+双阴的K线组合关键就出在随后的一个交易日里,如果出现下面的表现,那有可能将面临向下的风险:

1. 低开,一般都有下跌缺口,没有缺口就是大阴。
2. 缩量。
3. 在市场极度发热时间段。

4. 双阴处于高位。

5. 这种走势出现的心理精要是:已经涨了那么高,已经有了两天的高位盘整阴线,显出很强势的调整,如果继续发挥,就不该在随后的交易日里显得那么疲软,这实际上是对于前面强势的逆转。

现在来看上图的几个技术精要点:

1. Q1 里第一根阴线属于高开 + 长长的下影线,给你一种下档买盘很强的印象;第二根阴线就有点差了,将昨日反弹的成果全部吞吃掉,已经显出疲态来了;第三根 K 线属于大幅低开,这就转变了前面强势。

2. Q2 里第一根十字星,意义和前面的有点大同小异;第二根 K 线虽然有了下影线,但仍旧在前一个交易日里,还是属于弱势整理;第三根,虽然没有缺口,但是,实体 K 线还是有缺口的,也属于改变趋势的 K 线组合。

3. Q3 和 Q1 与 Q2 不同,他前面不是中阳线,但是,这种走势更可怕,因为其前面都是小阴小阳的走势, 这种慢慢向上攻击的走势最怕的就是放量的下跌缺口,而如果想转变向上的话,必须是放量大阳才行(见下一案例)。

出现这种走势的时候最好的办法就是出逃。(该股另一个必须卖出点就是图中箭头处,低开缺口大,而且前半小时无力超过开盘价,出逃的机会!)

阳后双阴对于机会和风险的要求:

1. 不能提前介入或卖出,一定等随后一日才能有动作,免得进入过早或卖出过早。

2. 随后一日的机会出现在放量 + 阳线。

3. 随后一日的风险出现在缩量或跳空低开或中阴以上阴线。

4. 强调跟踪的必要性。

实战案例之七：凌波微步，上攻的机会

【实战技术心法】：

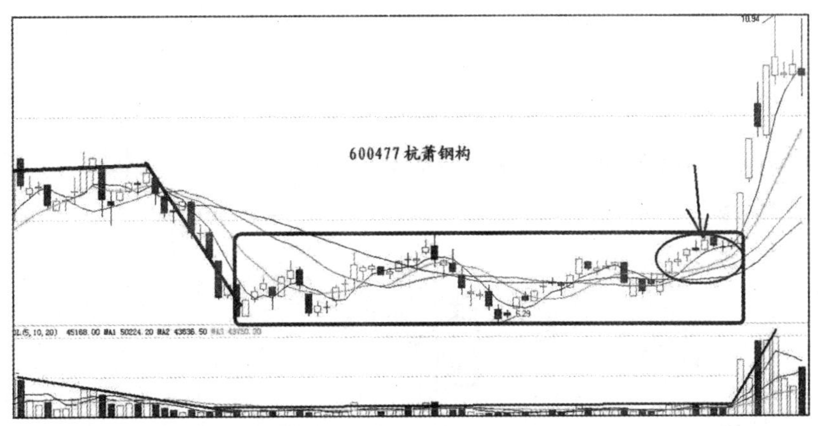

图 8-12 杭萧钢构的小碎步

来看看上面案例里提到的小阴小阳走势后的机会是什么情况下才产生的。见上图(图 8-12)箭头处，股价小阴小阳地在走，均线处于多头，但短线均线 5 日线有点向下。可是，有一点，那就是阳后双阴的随后一日的走势收出一个阳线，出现了转机，(再仔细看看，这 3 根 K 线组成了一个倒品字形，这种形态，如果随后的一日是放量阳线的话，将在短线有大的拉升空间)，随后该股出现放量大阳，彻底露出主力的目的，那就是突破底部盘整，挑战前面压力区。

这种突破一定要有量能的配合，见图中的成交量变化。该股随后拉升空间大，主要得力于图中底部缩量盘整的时间长这个因素。股市有句谚语就是：**横有多长竖有多高**。针对这种走势，我们需要做的就是抓住启动点，而不要参与盘整。

实战案例之八："倒品字"的机会

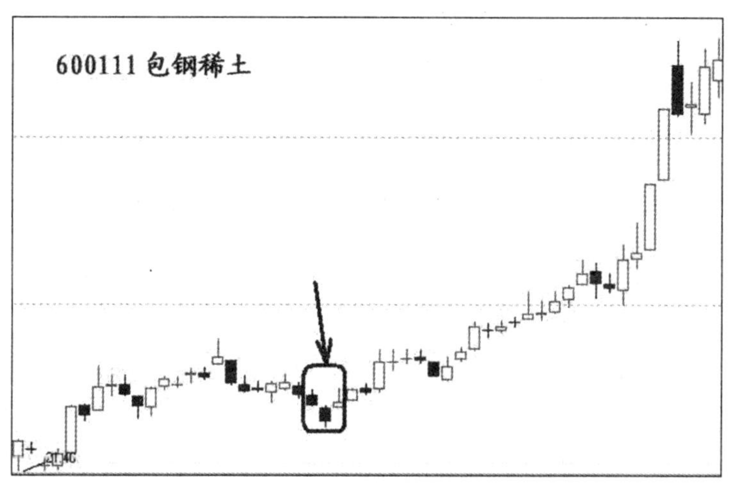

图 8-13 包钢稀土的倒品字

【实战技术心法】：

倒品字(如图 8–13)是一种形象的说法，犹如汉字的"品"倒过来的形状，其技术要点：

1. 最好的形态是第一根 K 线实体和第二根 K 线实体有缺口，第二根 K 线实体和第三根 K 线实体有缺口。

2. 成交量最好是稳步温和放量。

3. 以第一和第三根为阴 K 线为最好，第三根 K 线是阴线更能反映主力庄家最后洗盘的效果，后市拉升的概率将因为这根阴线而大增。你要这样理解：前面是调整，今天还是阴线，可为啥能高开？显然有资金在关照。

4. 与"阳后双阴"一样，不要急于介入，要看随后一个交易日的开盘与成交量，这随后一个交易日的要求是：必须阳线，最好有跳空缺口出现，一旦跳空缺口出现,可以追高。

刚才我们强调了随后一个交易日的走势，因为往往会出现复杂的箱体走势,见下图(图 8-14):

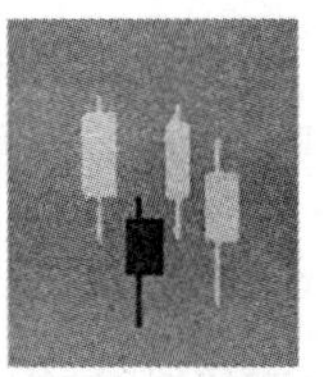

图 8-14 箱体

这种走势多是发生在一个相对高位或盘整时期,倒品字图形出现后,随后一日如果表现得很弱的话,最好就不要考虑介入了,有股的话,考虑先规避风险。

我们之所以说这些,就是要大家理解,涨和跌都是一个概率,而取胜的概率就在随后交易日里能否出现机会。而我们在每天的看盘中,就要积累多种 K 线组合,总结出他们的机会和风险是在什么情况下出现的。这样,对于买入和卖出就有了自己的主见,而不是去看别人的眼色。

再看一个案例,西藏天路 600326:

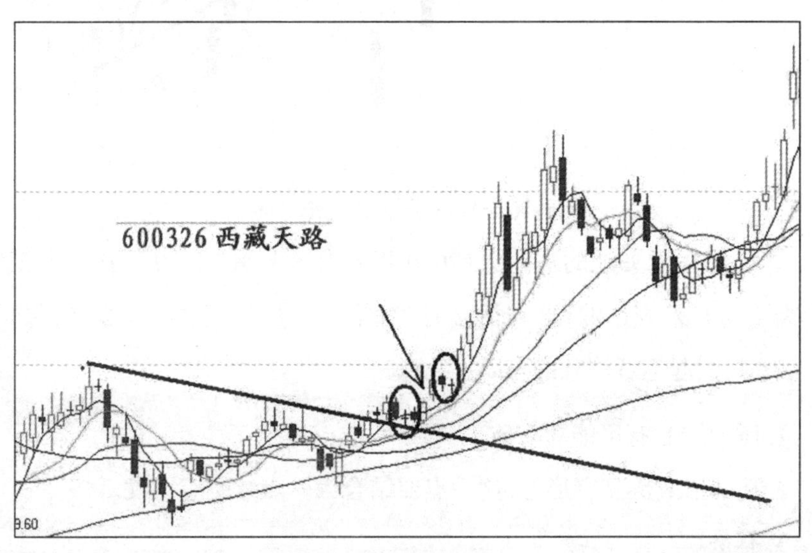

图 8-15 西藏天路

该股的"倒品字"不是太标准,主要是最后一根 K 线收得低了点。但随后的一个交易日的阳线出现了连续 3 日的成交量的温和放量。再后来,在箭头处出现了跳空高开的放量阳线。有意思的是,随后出现了前面我们说的"阳后双阴"的走势,这两个图形组合出现,一般短线拉升的概率很大。这种形态(两种上攻图形连续使用)不多见,出现后就不是一般的拉升了。

该股的另一个重点就是图中黑线所示,倒品字的低点恰恰在该线获得支撑,这样箭头处的缺口和两根阳线就注定压力线黑线的突破是有效的。

再来看一个提前预警的个股案例,航天机电 600151,如图(图 8-16):

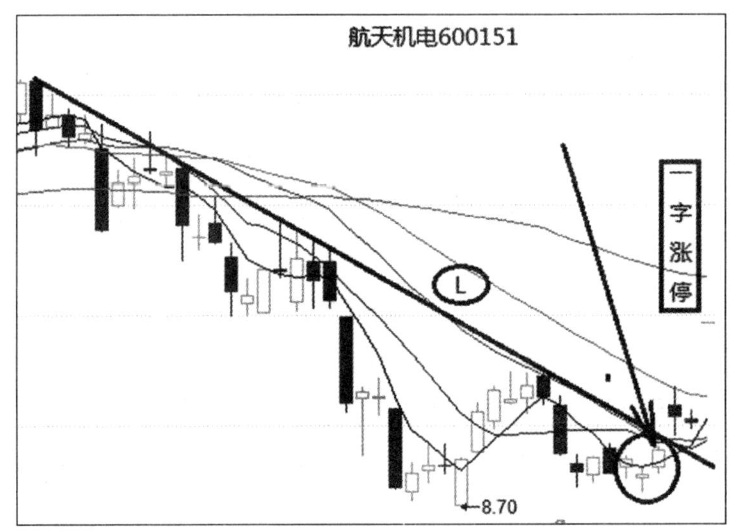

图 8-16 倒品字报警 航天机电

笔者是在箭头处的这一天(2010 年 6 月 8 日)的 2:30 后用"跟踪该股(今天不动)"来表达的,这句话含有"有希望,但还不确定,需要跟踪"的意思。当时,引起笔者注意的有以下几点:

1. 压力线 L 有可能被突破。

2. 局部形成倒品字形态,这一点要结合第一点才更有力度。

3. 有量。

随后两个交易日该股出现了突破缺口，高位出现一阳加双阴的形态，这种形态配以“倒品字、压力线突破、缺口、放量”，其随后的一字涨停板也就不难解释了。提前布局、预警等都需要有坚实的技术和经验。事后许多网友很奇怪为啥自己不能提前看出，纷纷来信询问，笔者觉得主要还是网友对于该类的技术形态的构造不甚了解造成的。

实战案例之九：阴线孕育着机会

主力在运作一只股票的时候，经常要进行洗盘的，而最能达到效果的就是“恐吓”，利用散户不喜欢阴线的心理大加渲染，盘口用大量的卖单给散户一个主力出货的假象。殊不知，真真假假，诡道也！

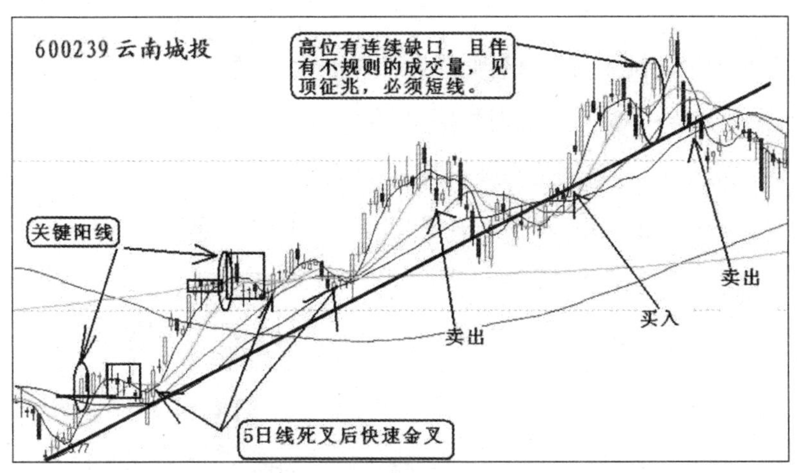

图 8-17 云南城投

【实战技术心法】：

见图中两个方框处，出现多日阴线，这些阴线往往以 5 天为最常见，它们有一个共同点：将 5 日线搞成死叉。其特点是：

1. 这些阴线之前都有一个重要的大阳线或一个重要整理平台。

2. 阴线虽多,但整体重心不破坏前面的平台或大阳线。如图中所示,前一个连续 2 根大阳,而后面的 5 天阴线也只是吃掉了第二根大阳,后一个大阳 + 整理平台 + 大阳。而 5 根阴线很显然在平台处止跌。他们的特点就是第一根大阳像该股庄家的成本价。

3. 感官上对待 5 天的阴线会觉得只是阴线,而没有破坏整体的感觉,也就是重心没感到下沉。

4. 5 日线死叉后的表现是阳线 + 放量,快速将 5 日线扭转,再次金叉前的放量阳线就是介入机会。

利用前面学到的知识,看看上图后面的买卖点。

实战案例之十:买入时机的把握

在股市稍长时间的人都会觉得买股票容易,卖股票难。笔者不大同意这个说法,如果你买对了,卖的时候坚持“我还有赚,不能赔”的话,你也就知道什么时候卖掉了,这显然是心理问题,心理问题只能自己解决。

下面举例来说一下(本书不做重点,等后续的书中重点剖析):

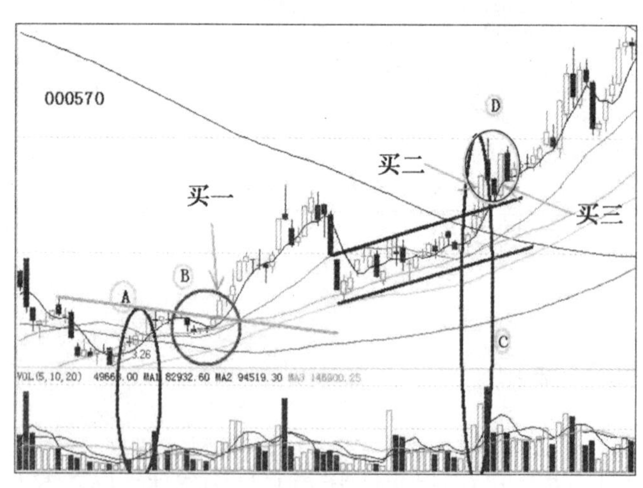

图 8-18 苏常柴(图 A)

该股在 2008 年创下 1.48 元的低点后经过反复震荡到了这个图示部分,

形成一个压力线,A 圈处开始放量过半年线。这个地方大家可以看到中期均线均是多头排列,只有 20 日线因为前面的快速下跌而出现稍微向下,所以在突破半年线后在半年线上进行整理,后来在 B 圈处与 5 日线一起拐头向上,这便产生了买点。这样你就可以跟踪了,跟踪就是为了在盘中发现最佳机会,所谓最佳机会必须考虑到突破的真假问题,而有效突破必须带量才行。下图就是“买一”那天的分时图:

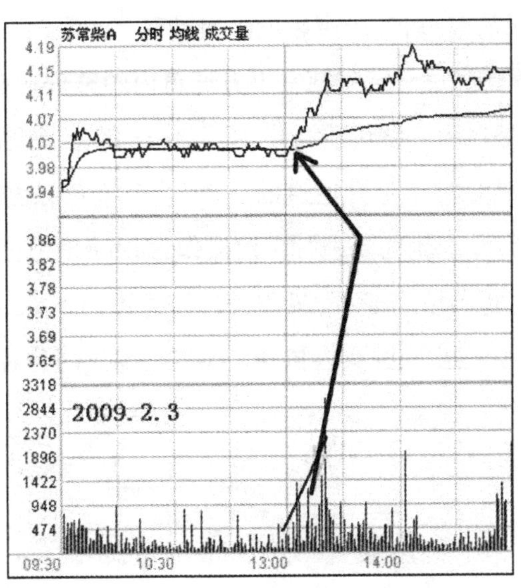

图 8-19 苏常柴(图 B)

好多投资者老是埋怨,一买就跌,这其实很好回避,首先你做好了上面说的那些工作,觉得今天是机会,那就盯住今天的走势,早盘涨跌先不考虑,因为早盘多空都容易冲动,像该股这样早盘拉升后出现横盘震荡的最好,这里要记住:**分时图上有两根线,一条白线,代表股价走势;一条是黄线,代表均价线。凡是在黄线之下的绝对不要买;凡是黄线明显向下的不要买**。在这两条都不存在的时候,就可以寻找机会买入了。像上图这样与黄线若即若离非常好,买入的时机就是——放量上涨。图形上看到的是:白线上穿黄线 + 放量,注意看上图箭头所指处。有些投资者会问:如何看放量?其实在箭头处有 1~3 分钟的走势,其底下代表成交量的黄柱子会告诉你的,放量,在此处

指的是黄柱子频繁地上升而不在乎上升多少（这句话有别于一下子黄柱子涨很多），大家对于这个最好用心体会。打个比方就是：大树很大，代表很大的量，但是我们看不到它的变化，可在电影上植物发芽的动作是快速的，上面提到的放量就是指电影上植物发芽的那种动作作用到黄柱子上的情景。

买入后该股还有机会加仓，这就不说了。经过拉升后，面临年线的压制，该股还是出现了回落，投资者应该在放量阴线倒锤子的时候卖掉等待，随后该股大阴带缺口回落整理，走出窄幅的上升通道，这就是用时间换空间，用以等待年线的回落。经过一定时期在上升通道内的整理，在年线下来的时候，可以看到主力是在为突破年线布局，看图 8-18 的 C 圈处，持续的阶梯型放量，且在买二处放量过了上升通道的上轨（这个笔者想说明一下：如果上升通道幅度大的话，在上轨处要进行卖出操作，而本例的上升通道的幅度不大，做不出波段来，也就没有必要，只需关注该通道的下轨的支撑力度就可以了），这天出现了第二次大的买入机会。买二处那天的分时图如下：

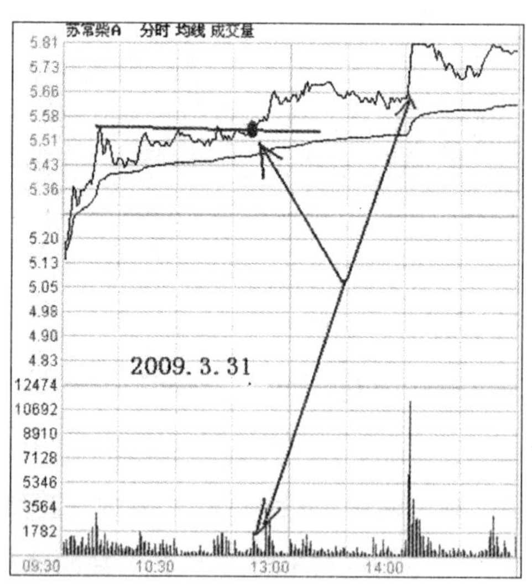

图 8-20 “买二”当天分时图（图 C）

由于前一天已经冲破年线，现在考虑的是是否有效，也就是说要看这种突破的真假。还好，该股这一天在黄色均价线上横盘震荡选择了放量上攻，注意上图中的那条横盘震荡形成的压力线，**突破该线 + 放量 = 买入机会**，后来该股放量抬高股价后再度横盘震荡，一样形成一个压力线（图上没有画），等再次放量突破压力线的时候，又是买入机会，见上图箭头处。

该股最后收出一根大阳，然后走出两天洗盘阴线，见下图（图 8-21）：

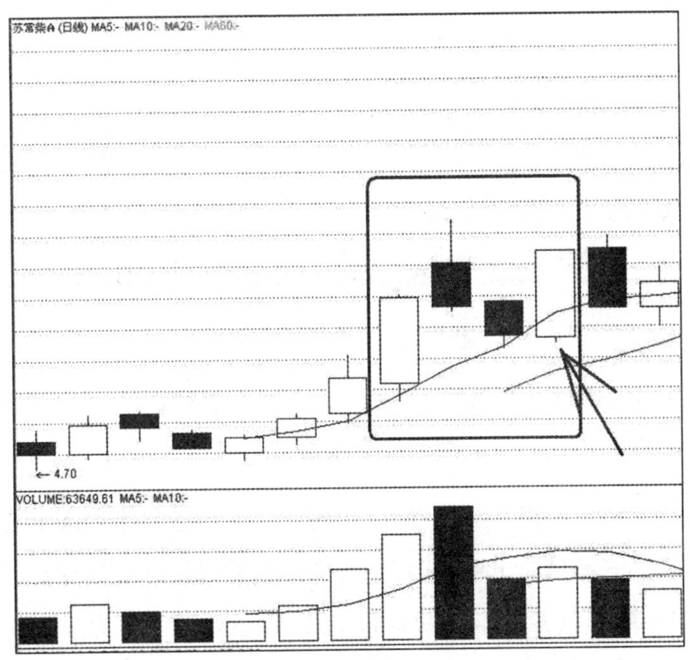

图 8-21　苏常柴大阳后的阴线调整

这个图想强调一下，笔者很喜欢这种大阳后的两根阴线调整，其调整幅度以不过前面大阳的 1 / 3 为最佳，以 1 / 2 次之的形态，面对这种在一个相对不高的价位出现的形态，往往第四根 K 线具有买入的可能性，也往往能有很大概率成为中阳以上的阳线。下图就是箭头所指那天的分时图：

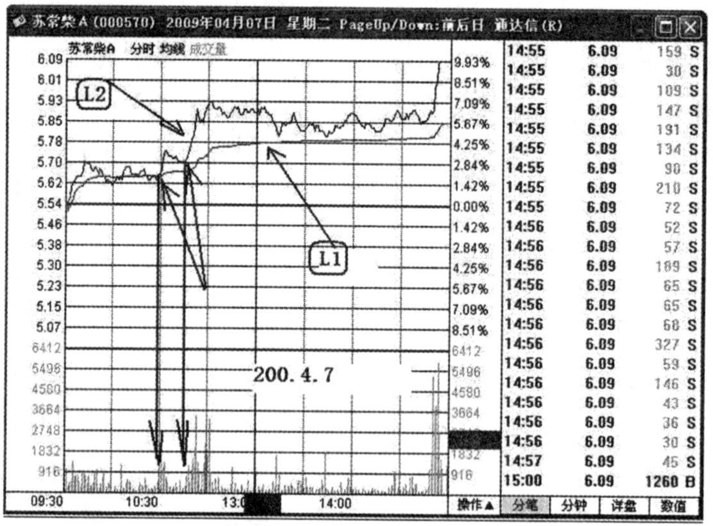

图 8-22 苏常柴(图 D)

经过早盘后的拉抬,然后在均价线 L1 线上缠绕整理,最后决定放量上攻,进而出现买入机会,见上图的箭头所指处。

其中尤其以后一根箭头处量价配合情况为最佳。为什么这么说?因为早盘经过磨合后开始放量上涨,但毕竟上午反复的可能性依然存在,但是经过短时间的回落,黄线整理后再次放量上攻,那就暴露了主力上攻的意图,此时买入,主力也只能让你坐轿子了。

往往人们觉得买股很简单,其实,买股是最难的一件事。笔者在这里简单地说一下,更详细地分析敬请看笔者下一本书《线性分析的心理解读》。

买入股票注意事项:

1.明确买入行动的目的。

2.形态一定要好,股性一定要活跃。

3.一定考虑大盘当时的形态,不在下跌途中买股票。

4.买入时必须股价在涨,成交量在放大,必须在黄线之上,必须有大的买单出现。

通过以上案例,突出一个“动”,任何的机会都是在运动中产生的,我们学习技术就是为了抓住那启动的短暂时间。而动也体现在对待股票市场的态度,守株待兔或刻舟求剑等都不是好的方式方法,与时俱进和顺势而为才是正道。

我们操作股票无非就是“选股——买股——持股——卖股”这种循环,其中在买股后就要开始选股的动作,一旦发现有比所持股票更强的就要果断地卖出后买入。而这一循环的过程似乎缺少了点什么?对,那就是总结归纳。要将自己看到的不同类型的形态和结果牢记下来,这一动作对今后的选股工作有莫大的好处。

实战案例之十一:信息解读结硕果

好多朋友觉得解读政策和信息非常累,认为很难和股市的操作紧密联系上,这里面最大的问题出现在自身的跟踪功力,一个对盘面没有良好的嗅觉的股民,是很难将信息解读和盘口辩证地结合在一起的。

下面这个案例,发生在美国科学家培育出人造生命体来的电视新闻之后,笔者当时指出,中国会马上跟随的。大家应该理解一下,作为人造生命在伦理上有点难以通过,中国不会率先公开支持的,但是美国有了,中国一般也是肯定要跟随的,就这么简单地理解就可以了。所以,笔者随后在博客里写下“注意生物医药板块的动向”,一个“动向”就表明了我们要认真观察随后的生物医药的盘口动向了。

（002166 莱茵生物，我在博客中提到的日期是2010年5月29日：

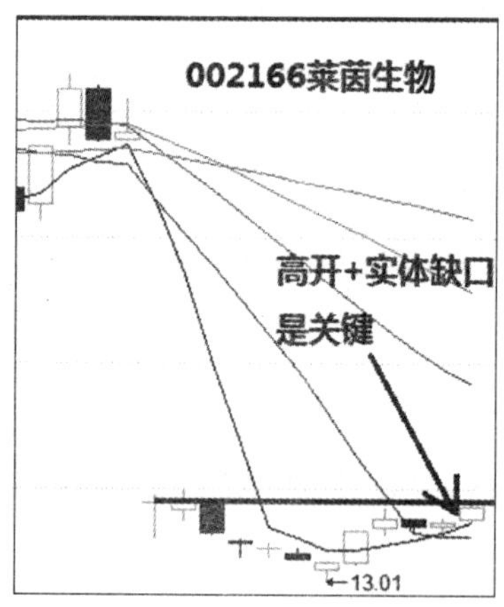

图8-23 明星股莱茵生物

【实战技术心法】：

1. 美国人造生命的新闻。
2. 有旭日东升的架势，只是除权后盘整时间稍微短一些。
3. 有可能突破颈线位。
4. 箭头处的高开，且留下实体缺口是关注它的最大理由。
5. 后市就是要关注跟踪：量能和第四点说的这个缺口的有效性。

随后的走势图：

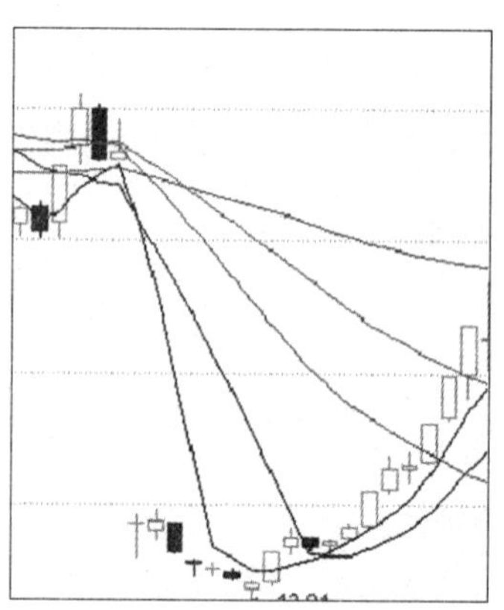

图8-24 莱茵生物上涨惊人

实战案例之十二：大涨之后的机会

有些个股在大涨之后会吓出来很多的散户。正所谓黑马多的是，就是骑不住。解决这些的办法多数靠经验和盘感。

例如，600259 广晟有色，提到日期：2010 年 5 月 28 日

下面来看看当时是什么样的形势？

如图：

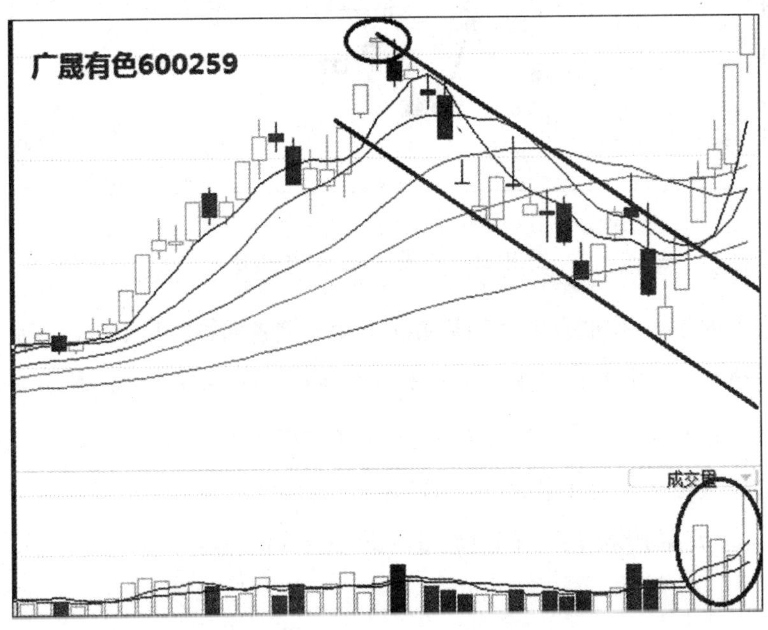

图 8-25 广晟有色下降通道

【实战技术心法】:

1. 当日 2010 年 5 月 28 日面临前期头部的突破。
2. 下降轨道的突破走势中。
3. 量能还不错,没有出现过火的放量。

当日分时图:

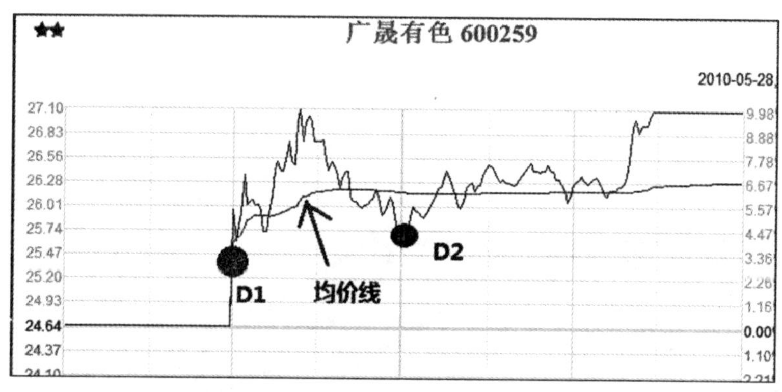

图 8-26　广晟有色盘中机会

当天中午,一位朋友电话问笔者卖不卖?笔者回答:“从上午停牌后一小时的走势看,D1 的低点还感觉很有支撑力,而且,这一小时的走势,几乎都在均价线上运行,上午尾盘虽然下跌,但是几次试图冲击均价线,显示盘口有主动的买盘存在。现在最大的不确定是午后开盘,如果午后开盘气势强的话,而且今天在上穿均价线同时放量的话,还有可能涨停。”

结果当日果真涨停。现在来再看看当日停牌一小时之前的 K 线,该股是那一轮大跌后率先领先于大盘走强的个股,这类个股一般要在市场信心恢复后才有像样的回调走势,而当时面临农行过会和路演,信心是必需的。所以,上面的分析里说有涨停的概率。另外,这一日之前的涨幅也使得这种大涨之后还有涨停的可能性得以加强。

随后，该股在其他股票涨势不错的时候选择了高位横盘整理。

大涨之后的机会要把握一个“快字”。

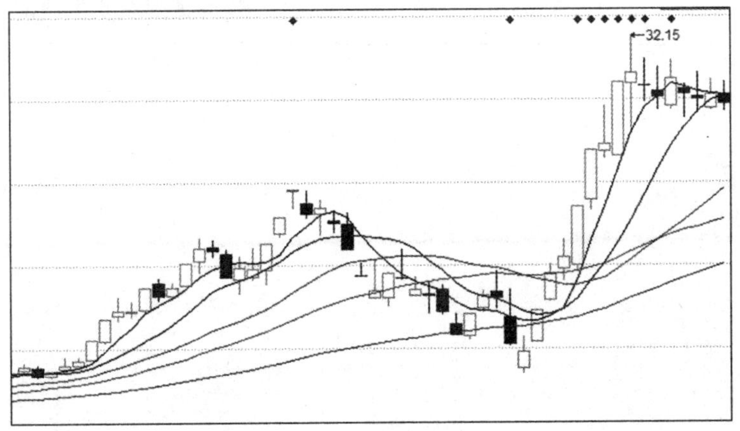

图 8-27　广晟有色突破后走势更好

本章小节

- 突破后的拉升,笔者坚持用逢阴线就卖的原则。
- 旭日东升的走势常常出现在强势股除权后，而中短期均线系统多数情况下是黏合状态。
- 跟踪是一种动态的科学的分析方式，更大程度上可以杜绝失误造成的损失。
- (分时图)黄线下方绝对不买股票!

第九章 影响股市的大事件分析

第九章　影响股市的大事件分析

大跌之下需要的是安静

记得 2008 年 11 月 29 日我在杭州讲课，那个周四也就是 11 月 27 日，央行出台利好：

央行宣布再次下调存贷款基准利率和准备金率

央行昨日宣布，将再次下调金融机构一年期人民币存贷款基准利率和金融机构存款准备金率。这是央行自9月份以来连续第四次降低利率、第三次降低存款准备金率。

从2008年11月27日起，下调金融机构一年期人民币存贷款基准利率各1.08个百分点，其他期限档次存贷款基准利率作相应调整。同时，一年期再贷款利率由4.68%下调为3.60%，再贴现率由4.32%下调为2.97%。个人住房公积金贷款下调0.54个百分点。

央行同时宣布，从2008年12月5日起，下调工商银行、农业银行、中国银行、建设银行、交通银行、邮政储蓄银行等大型存款类金融机构人民币存款准备金率1个百分点，下调中小型存款类金融机构人民币存款准备金率2个百分点。

央行指出，此举是为贯彻落实适度宽松的货币政策，保证银行体系流动性充分供应，促进货币信贷稳定增长，发挥货币政策在支持经济增长中的积极作用。

分析人士认为，此次“双率”下调幅度超过市场预期，有助于缓解企业资金成本压力。本次下调准备金率预计可向存款类金融机构释放6000多亿元可贷资金。

可市场给出了不领情的大跌，周五又继续下跌，可谓人心惶惶。这个时候面对众多的股民，你不可能逃避对今后大盘的分析，谁都知道这就是风险。记得当时笔者第一句是问：“诸位昨日看《新闻联播》了吗？里面有四个字很关键，有谁知道的请举手。”

结果可想而知，没有人举手，有的根本就没有看《新闻联播》。看到这样，笔者接着说：“昨晚《新闻联播》有四个字很关键很重要，那就是我们的总书记说的‘相当严峻’，那么我也给大家四个字，下周行情‘相当的好’。”估计当时听讲的股民都还记得，笔者要表达的主要是，央行这么降息和降准备金率实属罕见，都这样了，市场再不给面子岂不相当严峻，既然相当严峻，那就协力同心，作为刚刚被再次称作晴雨表的股市就更不该瞎折腾了，这是其一。其二，就是那一周的最后两个交易日盘口显示主力的表现为上压下托，这种走势需要很大的资金量和魄力，没有后面的好的预期是不会这么做的，这才有“相当的好”的结论。我们在分析后市的时候不是随便断言，而是根据走过的盘口信息和当时的信息面才能得出一个相对概率大的分析。

在之后的周一，笔者在12月1日的盘中直播下午版时，第一次说煤炭都是好孩子。当时，是解读发改委说的“解读部分食品的价格管制……”笔者当时想：都有点通缩的危险了，还不让人家涨价？既然取消了，那就不能光停留在消息的“部分食品”上来。笔者当时想得最多的是“谁被价格管制的最厉害？”对，是煤炭。为啥？正好那个时候，山东高调地限制煤炭涨价，结果搬起石头砸自己的脚，没煤发电。而那天煤炭从技术上来看有“上压下托”的感觉，故此才说它们是好孩子。而当时的盘面是这样反应的，不管大盘怎么涨跌震荡，煤炭板块整体表现的是一种王顾左右而言他，不为所动，一直围绕均价线运行，感觉有种上压下托的意思，所以在盘中提醒注意煤炭的走势。后来，一位在杭州听我讲课的浙江股民看到后立刻给笔者来电话：“老师，你是不是觉得煤炭可以买啊？”

笔者问：“为啥这么说？”

他说：“你说煤炭的那些，我觉得认可，感觉他们要涨。”

笔者说：“呵呵，既然相信自己的分析，那就可以试一把。”（我不能主导谁买卖，我只能是建议。）

……

到了第二天，他买的股票涨停了，兴奋地打来电话，说：“空空老师，我还从没有买了就涨停过呐，谢谢您啊！”

股民都很可爱，他们不管自己赔多少，只要盘面上给他们了，他们就觉得很幸福，他们是中国最可爱的人。

中国股市的涨跌，尤其是下跌往往都有故事，所以人们才很容易想到政策市，可是这种想法容易让股民不思进取，往往把责任推向政策。可是反思一下，哪个股市离得开政策？我们在大跌的时候要想到跌之前的征兆，这些多从主流媒体上去发掘，可是股民往往从小道消息探听，这恰恰中了人家主力的圈套。下跌时候，名嘴看空也正常，但是我们在听这些的时候应该用什么来面对？笔者认为还是从技术着手，只有武装了自己才能保护好自己，毛主席说过，只有有效地保护好自己才能更有效地打击敌人。比如 3478 回调后的攀升走势，有股神说必到 3579 点。大家想想，虽然股市有别于赌场，但就算是赌场，赌徒也有技术高低之分，大家都玩过麻将吧，你看看高手永远不太关心自己的牌（其实对手中牌已然了如指掌），而是将心思用到观察其

他 3 人的表情和动作，这就是技术分析。

有时在大跌的时候，我们不妨阿 Q 一下，厚黑一下，从股市内部找不到“合理”的原因（我加引号的原因是因为没有人会给你说真实的原因），那就到股票以外的地方去找。当国务院调研班子调研新疆后决定推出新疆经济振兴计划的时候，你应该想到西藏、内蒙等少数民族地区的经济，而不是等事后西藏的股票涨了你才领悟。对于新疆、西藏的问题，我们应该理解政府在反思，一味地救济是不够的，关键的问题是发展经济，搞好民生。所以，对于这些地区的股票你需要用一个稳定的眼光去挖掘。我曾多次说过，碰到出会计报表的时间段，可以多关注点边疆的股票，因为不太会出现大的业绩问题，属于相对安全的板块，这些都要我们在结合了日常生活的点滴之后才能领悟出来，而单纯就股市而股市的话，是不能做到的。

因此，大跌之下，我们往往要探讨底部，其实底部是市场忍无可忍的自然结果，但往往在底部的时候我们反而裹足不前，或者是不能正确认识。之所以有 2 次探底之说，就是因为底部往往是急跌后走出反复震荡的结果，这期间，往往会造成散户更大的损失，因为板块轮动得很快，加上大跌过程中，散户自然形成的对抗跌板块的重新认识左右了自己的操作。比如，大跌后他们会看到权重股跌得不大，于是就觉得那是安全岛，于是，自己下决心要做中长线，实际是一种投降行为，投降还分什么好坏啊！对于这些问题，笔者常说：“能否不考虑中长线，底部是盘出来的，盘是震荡走出来的，跌得越深，盘整的时间越长，这个时候就是要坚持快。”请回忆一下，哪次的底部不是在多空的谩骂中盘出来的？1664 点后的走势和 2481 点后的走势均如此，我们往往在这种盘整中失去方向，但这些失误都是自己的先入为主造成的。笔者建议，大跌之后别太在意底，把重点放到个股上。能做不？有连续的板块走强不？没有就不做，何必非要有股！

创业板出台背后的深意

创业板十年怀胎，终于在今年推出来了，这实在是值得资本市场庆贺的，但是也正因为这种重大，加上盘子小，管理层为了防止创业板的炒作大力加强风险教育。可问题是，那种因高市盈率有风险的，教育完全是没有找对题，也或许是根本就不想找对题。就在创业板走势平稳并且强于当年中小板的走势的时候，深交所又发文，用纳斯达克的风险例子来教育股民，这就有点无风不起浪了，我当天对这种不合时宜的教育给予了讽刺。

深交所再发文引用纳斯达克暴跌经验警示创业板风险了。

要说创业板已经很平稳了，比起当年的中小板，比起当年的中工国际，比起当年的……已经很“没风险了”，但怎么还是这样地警示啊？创业板基本是民营的，保护有加的话就是爱护过切。唉，看着创业板只有一个跌停，却要一而再、再而三地保护警告，不知道谁给谁希望？创业板炒是肯定的。

《摘自2009年11月5日的早盘必读》

随后的创业板也正如我上面说的那样，炒得不可开交，吉峰农机几乎没有停止过上涨。所以，我不是说这种教育不对，而是觉得你不该这样的抓小放大，你该找出创业板炒作的本质，联系上面说的集合竞价，你就知道（你比我们散户清楚这一点）炒作不是散户干的，不要动辄就教育股民，而是要自己先学习好如何监管。在你有条件通过28家创业板公司的时候，你回答记者的头一句就是“信息披露不到位啊……”

当然，这么说不是说我们股民不该教育，只是希望你能做到股市里的三公。

对于创业板，大多数散户不敢进，而我的观点就越是艰险越向前。我的想法不是基于创业板有多大的价值，而是更多地通过其他的方面来考虑的，有些也许是专业经济学家根本看不上的，但是我坚持，因为这是中国的创业板，植根在中国这片沃土，它肯定有浓重的中国元素在里面。但我的大的基本点是：炒股要听党的话。

我希望每一个股民都要认真地听我这句话，你要想在股市生存，就必须听党的话，别无他求。

当事后人们纷纷对吉峰农机等创业板走势瞠目结舌的时候，往往想到的是有人在炒作。是的，没有人炒作也不会这样，但问题是其他的为啥不选而单单地选中了吉峰农机？这不得不从头说起。

创业板的产生契机，对于这个问题，我不想用正常的经济学理论来描述，感觉那些在一些事情上会显得苍白无力，我认为创业板能在今天推出是源于以下几点：

1. 时间。

十年论证一朝分娩，中国人对十还是很有感觉的，就连规划也是以“五”为单位，一五、二五……排列下来的，所以今天推出时间上“合适”。

2. 经济危机。

也许你会说经济危机中大家都想保存自己，谁还拿钱弄创业板啊，现在出来岂不是要失败啊！这就要考虑中国的特殊性了，中国人口众多，稳定是中国最大的问题，没有稳定一切都免谈，那么要稳定就要有就业，正如《人民日报》说的那样，民营企业解决了就业问题的百分之七八十，这是多么伟大的成就。而经济危机下，民营企业的发展受到了资金面的困扰举步维艰，倒闭的层出不穷。另一方面，这次经济危机是美国的金融业造成的，这无疑给中国提了醒，要确保银行业的安全！一方面要保银行的安全，一方面要在资金上支持中小企业发展，支持民营企业的壮大，这似乎是矛盾的，那么就要从市场要钱，变银行的间接融资为资本市场的直接融资为主，银行间接融资为辅，这就为创业板的推出带来了必然性。

而开头才 28 家创业板公司，后面排队上市的太多太多，这就注定要求创业板上市的头一炮一定要打好，失败是不予考虑的。于是在创业板上市前居然允许社保基金等参与创业板，并建议基金在创业板头一天不要交易，这就是说，一定要用基金来确保创业板的头批的成功。

创业板和主板的区别：

1. 除了符合《公司法》、《证券法》以外，公司章程还必须符合创业板上市规则的有关要求。

2. 创业板上市公司的董事会必须包括 2 名以上的独立董事，独立董事应当由股东大会选举产生，不得由董事会指定。独立董事应当具有 5 年以上的经营管理、法律或财务工作经验，并确保有足够的时间和精力履行公司董事的职责。

3. 创业板上市公司一般处于初创阶段，资本金规模较小，所以对其股本规模要求比主板上市公司低，下限初定在 2000 万元左右，以便为企业资本规模的扩大和业绩的增长留下空间。另一方面，由于创业板上市公司成长迅速，对融资的频率要求高，因此可能缩短其再次发行的时间间隔，如取消主板市场对增资发行所要求的一年间隔期，有助于保证股本与业绩的同步良性增长。

4. 由于营运记录对于投资者分析企业状况、预测发展前景来说是必不可少的，国内主板市场上市条件中，要求申请上市的企业有三年以上的经营记录。而创业板上市的公司通常创立时间短、营运记录有限，因此对创业板市场上市公司的经营记录要求为两年。

5. 创业板市场选择上市时更侧重于公司的发展潜力，而不同于主板市场所要求的经营现状。香港创业板对上市公司盈利没有要求，正是考虑到新兴企业在创业初期少有或几乎没有盈利的实际情况；美国 NASDAQ 市场上市标准虽然有三套，但总体上对盈利也基本不作要求。因此，国内创业板市场亦不会将上市公司盈利记录作为基本条件。

6. 公司主营业务应突出，主营业务比例应不低于 75%，不宜多元化经营。与主板市场相比较，创业板市场上市公司要求有高度集中的业务范围、严密的业务发展计划、完整清晰的业务发展战略和较大的业务增长潜力。

7. 由于创业板市场上市公司规模相对较小，对发起人数量及持股比例要求不必像主板市场那样严格。如美国 NASDAQ 等海外创业板市场对上市公司发起人数量不作明确限定，香港创业板市场只要求社会公众股东比例不低于 15%,这就使得创业板市场股份集中度相对较高。股份集中度提高形成三方面市场影响：一是市场炒作变得容易，提高了市场投机成分；二是企业购并更为方便，资本运作空间大；三是企业的退出难度下降，一旦丧失上市资格，摘牌的后果对市场影响较小。

8. 创业板市场的理念是通过注重强有力的信息披露来提高市场运作的透明度，因此在上市公司的审批程序上将会改变目前主板市场采用的审核方式，借鉴以美国和日本证券市场为代表的“注册制”或香港创业板的上市委员会制，采取由证券交易所接受公司的上市核准，证监会集中统一监管的形式，有效地完善交易所自身和创业板市场的运行机制。

那么从这里我们可以看到，创业板主要是对那些具有高新技术和发展前途的，特别是具有自己的自主产权的公司给予扶持。所以，我对吉峰农机和大禹节水在当天的评价就是：它们都不具有高新技术，特别是吉峰农机，如果市场蛋糕做好了，会有很多的大资金来分享，那个时候就是大鱼吃小鱼了，风险也就大了，能否具有成长性就值得怀疑了，那么为啥要把它们弄到第一批创业板里来成了我看好他们的最大的一个看点，我觉得中国改革开放前 30 年，先是城市，后 30 年就是三农，这一点从中央的不同文件里也能体会得到。还有一个佐证，那就是目前社会上的贫富差距越来越大，这个处理不好会危及社会安定，所以，也必须加大三农的真正投入和政策的大力倾斜，这样一考虑，那么吉峰农机和大禹节水就具有了指挥棒的性质，所以看好。我也希望散户股民，不要不切实际地跟随那些专家（何况专家里水分很大)胡乱套用价值投资,以免丧失大好机会。

其实我上面的分析坚持了一个根本点就是:听党的话。

从至于吉峰农机 12.3 元跃上 90 元大关,我在盘中提示:这需要谨慎点了,毕竟到了百元大关附近了。这一点在神华上市后也曾经出现过,那个时候我也是觉得在百元附近震荡是很正常的,君子不立危墙之下,确保利润不丢失才是硬道理。

谈到这里还是说的经验之谈吧!**股价一般在 5、10(15、20、25……)这些整数关都会有震荡,**这也是我们日常生活中常见的现象。想想也就理解了黄金分割点为啥常常在股市里显得很神奇。大家想想,在你买菜的时候,常常看到摊贩写出来"3 块钱 2 斤"、"10 块钱 3 斤",为啥小摊贩不写成"3 块钱 2.5 斤"、"10 块钱 3.5 斤"就是这个道理,而人们日常的习惯也就无形中被带到了股市的操作中。

创业板的风险是显而易见的,你需要的是首先知道政策的导向,其次摸清楚主力资金的脉络,最后还要搞清楚散户的心态。国家能将吉峰农机这样没有太多科技附加值的公司搞到第一批其深意是久远的,你就要从这里出发搞清楚创业板第一批的意义,才能理清风险到底有多大。事实证明,创业板远比中小板当年要疯狂得多,风险要小得多。

中国股市的行情是为了某种任务,998—6124 是为了股改,而 2009 年的创业板是为了就业和保护银行的安全,当你看到 28 家创业板身后还有密密麻麻的中小企业在等待,你就不该对后市看空,这就是任务。

另外尚福林主席说目前我们的市场仍然是新兴加转轨,这就告诉我们为国企脱贫还没有结束,即使这个结束了,股市本身就是为了社会经济的发展筹措资金的,加之发展到一定程度需要结构性的调整,后 30 年的机会在三农。

就这个问题我想还是通过简单的一些事例来说更贴切。以前我们也有通胀，但是没有见到过像最近这么极端的，猪肉涨价涨到疯，大蒜涨价涨到人们恨之入骨，可是媒体给你的信息却是："某某蒜农凭着敏锐的嗅觉，从某某时候开始就收蒜囤积到冷库，渐渐地自己的冷库不够用了，又……"大家似乎在羡慕蒜农的敏锐和发大财的同时忘记了政府还有平抑物价的举措，市场上你见到谁来平抑蒜的价格了吗？猪肉价格后来倒是轰轰烈烈地平抑了，可是你见到大量的库存猪肉涌到市场了吗？所以，我们应该换一个角度来看待这个问题，也许这就是造势，让大资金，或说那些投资无着落的资金好好看清楚了，农村有着广阔的天地，有着暴利的机会，自然人们也就把眼球转向了三农，这和吉峰农机、大禹节水登上创业板第一批有着异曲同工之妙。

低碳国家战略中的机会

11月26日温家宝总理也曾代表政府庄严承诺，到2020年中国单位国内生产总值的碳排放量比2005年要降低40%~45%，这个指标的实现就需要我们每个企业、每个公民能从自身出发做一些力所能及的事。中国在向世界宣布了自己的目标后，大力进行结构调整，并于5月25日国务院正式批准实施《长江三角洲地区区域规划》，发展目标是：到2015年，率先实现全面建设小康社会的目标；到2020年，力争率先基本实现现代化。把长三角定位为亚太地区的国际门户，5年后率先实现小康社会目标10年后率先基本实现现代化。这条新闻再次给我们传递了两个信号，强化了两个意识：第一个，我们已经确定了我们的发展路径和发展方向，转变经济发展方式；第二，我们的目标不仅是应对危机，不仅是三五年的发展问题，而是20年、30年如何发展的问题。

大家在看到"低碳"的时候，往往首先想到环保，但这是大家都明白的，一般不好利用，而如果转换一下思维，将环保+科技联系起来就有了大的方向了。低碳，不简单，没有科技的支撑是办不到的。

掘金两网——物联网和智能电网

2009年2月,IBM在2009年IBM论坛上抛出了“智慧地球”的构想。“智慧地球”就是利用IT技术,把铁路、公路、建筑、电网、供水系统、油气管道,乃至汽车、冰箱、电视等各种物体连接起来形成一个“物联网”。

“物联网”这个高科技名词将由概念逐步走向大规模应用,IBM提出“智慧地球”概念并形象地描绘“互联网+物联网=智慧地球”,作为一个智能项目,它已被世界各国当作应对国际金融危机、振兴经济的重点领域。而美国权威咨询机构甚至还预测,到2020年,世界上“物物互联”的业务,跟“人与人通信”的业务比例将达到30:1。

因此业内人士称,物联网将是继计算机、互联网与移动通信网之后的又一次信息产业浪潮。在2009年中国信息通信展以及中博会上,中国的三大电信运营商都展示了物联网的应用,中国移动推出了“电梯卫士”业务,中国电信有“平安e家”业务,中国联通则推出无线环保监测平台等。足见国内的三大巨头对这一领域的巨大利润已经开始进入实际抢食的阶段。

此外,智能电网的概念也将是影响股市未来发展的一个重要事件。目前,智能电网已经成为世界各国投入科技研发的重点,甚至在欧美一些国家已经逐步上升到国家战略层面,成为国家经济发展和能源政策的重要组成部分。然而,在我国,目前智能电网建设虽然被列入了2010年政府的工作报告中,但整个国家智能电网建设还有待于上升到国家战略层面,相关的政策还有待于细化。因为这将是未来我国科技战略和能源竞争大战中一个重要比拼点,我国是不能落下的。

这些概念对于那些具有电力和软件的企业是个大利好,而且发展前景广阔,比如远光股份(002063)、国电南瑞(600406)等,但对于两市的一些个股需要筛选,不能一概而论,眉毛胡子一把抓。

本章小节

● 股价一般在 5、10(15、20、25……)这些整数关都会有震荡。

● 碰到出会计报表的时间段,可以多关注点边疆的股票,因为不太会出现大的业绩问题,属于相对安全的板块。

● 炒股要听党的话。

● 物联网将是继计算机、互联网与移动通信网之后的又一次信息产业浪潮。

第十章 附录

第十章　附录

附录 1 股民常见问题

1. 资金量对于操作来说有区别?

太有区别了,这也反映了股民的一个大问题,也就是说要认清楚自己,找到符合自己的一套盈利模式,你千万元资金就不能像 10 万元资金那样乱买股票。就安全性来说,大资金更偏好于流动性好的中大盘股票,而小资金选择的股票品种就多了。小资金灵活,可以全进全退,大资金就是在买股票的时候都要考虑单子的大小,不要让主力知晓,否则就会有“你买就跌,你跑后就涨”的局面,这里只能说监管不够严,主力能监控到你大单子出自何方,试问主力想让你赚钱吗?

其实这个问题也带出来一个如何看股评的问题来,大家也不要动不动就说人家股评人士在胡说,要知道股评人士都是供职于机构或公司的,他们也许每天面对的都是大资金,故此思维也是大资金思维,散户看来有点与自己格格不入,这也是有的。

举个简单的例子,常常听到别人说“布局”,笔者就反对散户小资金还要注重布局,散户没有踏空,只有跟着主力吃鱼头而头破血流的布局者,因为你资金小,等行情走稳再进去不迟,何必跟人家主力学而提前布局呢!

2. 买股票之前该做些什么?

首先,你要考虑大盘的趋势,只有大盘环境向好的时候才能做出买的动作,否则不如休息。其次就是考虑该股所在的板块是否是热点,不在热点的板块很难跑赢大势。再次就是要分析好所要买入个股的形态,在你认为有可能突破的时候进行跟踪,然后按本书说的买入法,抓住介入机会进行买入,机会不出现绝不买入。

3. 牛市熊市买卖股票一样吗?

不一样! 牛市里追买,一般早盘就行动;熊市里犹豫再三才能下手,一般在午后 2:00 左右出手。牛市里尽量多赚,不破趋势不出,熊市里少赚或少赔都得出。

4. 经常在博客里分析的点位都达到了,你认为是市场受到预测的引导吗?

不是,只能是巧合。市场不是可以左右的,只是历史走势在走到了那些点位时市场参与人的心态发生了变化而已,是市场上各种人等的心理反应的共同作用点当然不排除有些有影响力的人物左右市场的现象,但从一个长时间来看,非理性的总会被理性的所修正。

5. 你认为哪些分析方法最好?

只有适合你自己的才是最好的,最终的结果还是要相信自己,只要你认真些,技术分析没有什么神秘的。

6. 有无简单的方法做到会卖?

经常有朋友提出不会卖,其实,如果让自己有点阿 Q 精神的话也就会卖了。首先问问自己:“大盘环境如何?”不好的话就卖。其次问问自己:“我赚没有赚？”赚了且在回调，大盘也不好，那就卖，不要把盈利做成亏损。其三，上升趋势破掉没有？破掉了就卖，到趋势上轨也卖。

7. 需要看股评吗？

如果你能不被他们左右还是可以借鉴的，但是多数情况下，是因为自己太没有主见才去看，这肯定要受诱惑的，像有些朋友会说：“我喜欢看 XXXX 的博客，因为那里信息很多……”笔者就问他：“信息多就好吗？”，“当然好。”“那你会解读吗？如果不会，不如不看。”看得懂才去看。

8. 长线好还是短线好？

这要反问一句：“多长算长？多短算短？”中国股市只能做多，但是假如你非要 2006 年拿到 2008 年算是长线，那么基本不挣钱。所以，笔者觉得还是以短线眼光买股，长线眼光持股，趋势不坏不走，趋势坏掉就要出逃，利息以复利为最大。

9. 持股心态怎么看？

买股之前费思量，不以小利而忘风险，买入之后常相伴，缺乏耐心最可怕，关键是“为啥买”这个问题要解决。持股第一要制定一个止损位，不可顶风作案。悲观绝望再进场，一片祥和要出逃。不去参与自己解决不了的问题，底和顶都不是个人能决定的，市场才是对的，不清楚的时候，休息学会及时纠正自己的错误操作要比一做就对重要得多。时刻牢记阵地可以失去，利润必须留下的道理。会买的是徒弟，会卖的是师傅，但是我要说：不出徒，不要想做师傅，地基不牢盖不高，风险很大莫颠倒，好好注意买入点要比老想当师傅强得多。

10. 散户和庄家有什么异同？

没多大区别，都是人、都是股民，只是：庄家几十人看一只股票，散户一个人看几十只股票;庄家认真解读政策,散户喜欢直观看待政策;庄家快乐的时候卖掉筹码,散户痛苦的时候交出筹码;庄家遇事果断而减持,散户遇事容易坚持而不减持。

11. 博客繁多看什么?

笔者认为以下几类的股市分析不要看:罗列信息不加评论的;断言后市如何如何的;自命散户救星的;对国家政策过分看空的;过分看多的;经常用案例说话的……

12. 题材怎么看?

关键是解读好你手中股的信息面，如果盈利预期是一种缥缈的乌托邦式的计算方法就不要相信，比如说其正在使用的厂房如果搬迁将增值多少多少的,几乎就是没有盈利的可能了。搬迁是大事,还要考虑搬迁到哪里?对运输人脉等都没有考虑简直就是儿戏。

13. 如何简单区分洗盘和出货?

简单地说洗盘就是让你感觉在出货,而出货让你感觉在建仓。主力为了顺利出货，往往旗帜鲜明地小量集中买进，而在其他的地方大量小单子出货,这就是为啥笔者不太相信什么 XX 席位上买入多少的原因;而主力建仓的做法主力恰恰相反,在明处大肆地集中出货,而在其他的地方大量小单子买入。关键是主力不能全在一个交易席位。

14. 便宜的股票最有前途吗?

错! 错! 错! 股票不分贵贱。记住一句话:“可怜之人必有可恨之处”,价格低有其价格低的原因。所以笔者做股票喜欢高市盈率的,之所以高是因为有资金在运作。

附录2 直播解读创业板首日行情

访谈时间:2009年10月30日上午

主持人:欢迎大家来到搜狐直播间,今天非常荣幸请到三位嘉宾为大家解读创业板上市首日,《证券日报》副总编辑马方业,西南证券研发中心副总经理解学成,知名财经博主朱建中,先请各位跟搜狐网友打招呼。

朱建中:大家好,首次和大家见面,在创业板开盘的日子里和大家共度一上午。

马方业:各位网友大家好,很高兴在今天具有重要历史意义的日子里跟大家一块儿见证中国证券市场创业板的诞生,今天市场一开盘红盘全是28个N,28个牛,牛气冲天。

解学成:今天我们一起来解读创业板28家公司,希望我们的解读对大家的投资有一定的帮助。

创业板对主板是稀释更是提振

主持人:谢谢三位老师。今天我们看到大盘是高开,一改昨日的阴霾,三位老师判断昨天的大跌包括前天,是不是对创业板的迎接?今天的高开又反映大家什么样的心态?

马方业:创业板的开板应该说不仅仅是对资本市场层面的东西,更主要的还是在我们的经济结构、产业结构调整、创新型国家建设,包括中小企业融资渠道的拓展,包括 VC、PE 的退出渠道的开拓都具有重要意义。这些东西对于中国经济保增长调结构,摆脱世界经济危机,率先复苏都具有重要的意义。

主持人:您认为今天的高开是对这个利好的反应?

马方业:应该是。前期的下跌主要还是一种短空的影响,毕竟上这么多的上市公司,今天 28 家公司集体亮相,从市场的供求方面是一种短空的,真正出来的前夕,应该说是对市场上有一定的抽血作用,并且主要还是一种心理作用,所以这两种作用的影响表现出它的一些短空现象。

主持人:您认为前两天是短空,今天是真正的利好?

马方业:我觉得应该是。

解学成:刚才马老师说的创业板实际对主板的影响重在心理的影响,这个我是认可的。目前创业板公司 28 家规模普遍比较小,所有融资加起来是 155 亿,冻结的资金 1.5 万亿左右。155 亿是什么规模?相当于目前中石化、中国神华募集资金的 1/4,也就是说 28 家所有募集资金仅是中石化、中国神华的 1/4,相当于一个北京银行。目前这种情况下,资金相对比较充裕,实质性的资金抽血这块影响作用还相对比较小。创业板目前 28 家主要集中在高新技术、新材料这样一些领域,对于主板的影响主要是影响相关题材相关概念板块公司的提升,估计今天所有创业板飘红,首先是主营业务相近的主板公司。

主持人:今天是不是对创业板利空的一个迎接?您对所有上市公司全线飘红的情况是怎么看的?

朱建中:要说是利空,我觉得实际是一种心理上的,因为**当初在上市中小板、上市权证的时候,在这之前都要经过一段时间的磨合。创业板这件事应该是中国磨合了 10 年才推出来的,不可能让它在出现的这一刹那出现很绿的,因为你要给大众一个信号:“我能承载你。”**28 家相当于中石化、中国神华的 1/4,市场的资金面应该没有问题。资金面这么小,为什么在本周下跌得很快速,实际上从央行货币政策方面对货币有点缩,但是真正的缩没有具体到发红头文件的地度。市场果然给你来了一个:"我就按你这个传言去做这件事情,前面下跌。"昨天临近半年线只有三个点,如果今天大盘低开可能就破掉半年线,破掉就很难受。结果今天是高开,我觉得从形态上来说这种走势应该是对创业板的有备而来,就是为了今天给创业板一个好的线索,迎接它的降生。

IPO 首日惯于"击鼓传花",创业板也不会例外

主持人:现在所有创业板新股基本都涨势凶猛,之前有一个观点认为创业板企业股价基本就是一步到位,一次拉到之后进入下跌行情,主要是炒作的概念。三位老师觉得会不会是这样一个情况?现在的情况是怎么样的?今天会一次拉到位,还是有一个持续的向上走的走势?

朱建中:一次拉到位只是一个大概率,但是 28 家里面将来肯定有几家比如医药类比如探路者行业很特殊,还有高科技的公司,对于以后新兴的,也就是主板没有的行业,这种东西可能会炒一下,大部分像您说的一步到位的可能性还是有的。假如我是管理层,会让这 28 家在半年之内退掉几个,比千辛万苦告诉股民创业板有风险要好得多得多,有价值得多。

主持人:马总对目前的行情怎么判断?

马方业:这是一个很好的势头,虽然我们这 28 家公司的平均发行市盈率在 55 倍多,PE 大概在 10.8 倍多,今天涨幅在前面的像安科生物、探路者、华谊兄弟、乐谱药业、机器人这些基本都在 80%以上,最高的安科生物大概在 160.59%。**我们发行过程当中市盈率可能很高,但是作为创业板市场来讲,我觉得我们不要单从主板市场甚至中小板市场的观点来看它。市盈率毕竟**

是动态的，我们说的这些市盈率高低更多是从静态角度，从 2008 年的业绩转过来的。其实创业板市场一个很大的特点就是八仙过海各显神通，这个市场如果好那可能它就是一个马太效应，好了又好。为什么华谊兄弟、探路者、机器人这些涨幅这么好，这是一些 A 股市场主板市场上所没有的独特的基本面的公司，它不具有可比性。有些公司可能跟主板市场上有一些类似，尤其跟中小板公司基本面上有一些类似，但是这几家公司应该说是一个很独特的东西。比如华谊兄弟其实就是资本与知本，文化创意方面，由于我们的文化体制改革的大背景大前景，与文化创意产业的大趋势密切相关，所以大家热捧这些股票是非常非常正常的。其中也有一些公司因为行业虽然是子行业的龙头，虽然业绩显现是不错的，但是如果你这个行业做不大或者有天花板，文化创意产业就没有天花板（教育培训这些无限大），尽管这个公司的基本面这几年是跳跃式或者几何式增长，也要注意它的成长性、局限性。这一点应该注意风险。

首日策略：中签见好就收，追涨必须谨慎

主持人：现在开始接近半个小时，前七位的都是在 100%以上，朱老师怎么判断现在的涨幅情况，怎么判断前几位的几家公司？

朱建中：刚才和解总、马总说的一样，第一位安科属于硬指标，甲流前天世卫说了全球 80%都会感染。探路者的行业特别独到，就像现在的当当书店，现在几乎是围城，在我这儿卖书要有进店费，还有苏宁、国美，其实探路者也是走这条路，它的销售网络已经铺好了。它们几个再往前的话，在前面也符合它们的发展。华谊兄弟刚才解总已经说得很详细了，我想从另外一个角度来说，**国家这次给文化行业 150 亿的投资，这种投资用于加强文化方面壮大自己的声音，包括将来华谊出产的大片如果真是获了奥斯卡大奖，会突**

然提升你文化产业的层次。前几位的涨幅将来应该是一个模式，因为很独特，我是这么考虑的。

主持人：现在情况是这样，如果我是一个投资者面对现在这种情况怎么办？我没有中签，看到这个盘面我应该怎么办？几位老师给予一点指点。

朱建中：如果没中签还是等一等，至少要等到下午，有可能下午管理层给你一个停牌，就要看看这些停牌的公司属于哪些行业的，如果行业不独特的不要去追。华谊兄弟这个股票刚才马总说没有天花板，我觉得要是作为一个长线投资者可以投资，如果短线抄一把还是在 28 家中优中选优，等时间空间更合适的时候再介入。

主持人：您认为现在创业板上市公司不适合短线炒作？

朱建中：短线我看不太明白，短线风险确实太大。中国炒新这是一个传统，但是炒新概率非常小，中小板也是经过一段时间调整以后，市场上的人觉得风险太大，好多人不去关注它了，那时候它才往上起。现在好多人都在关注，大资金都在关注，刚才解总说了，基金也在申购。基金申购的主要目的就是防止首日的爆炒，如果涨幅太高的话我可以卖出打压你的股价，所以说等下午看，最好在 2:30 左右。

主持人：朱老师给出的意见是 2:30，马总呢？

马方业：因为本身前面这半个小时交易换手率比较高，成交比较活跃，流动性表现比较好。其实这也是一个风险，流动性风险，就像刚才说的，一旦下午有些移动停牌，流动性风险就凸现了，这是跟投资者过去在市场上投资的不同所在，也是风险所在。**现在从前面的十几位涨幅在前的公司来看，市场更多接受的还是独特基本面、独特盈利模式、独特行业这些股票，应该说如果中签持有的话还可以再拿一段时间。**如果没有买，我建议大家还是先谨慎一点，先看一看，我觉得创业板出来是一个新兴事物。大家有炒新的习惯，但是炒新在创业板市场上是不是也跟原来炒主板市场一样呢？这个东西有待观察。如果真想去参与创业板，不妨等等创业板的基金出来，把风险让专家给你过滤一下。

主持人:刚才朱老师说 2:30,您觉得 2:30 合适吗?

马方业:从黄金分割来讲，一天 4 个小时，2:30 也是一个黄金位置，那个时候全天交易基本上差不多了，2:30 的情况跟第二天的开盘情况应该是大致趋同的，很多做短差的人喜欢抓这个点。**我还想提醒各位，在创业板市场上纯粹用技术分析法来做短炒风险也是非常非常大的，因为随时停牌，有及时的退出机制，创业板公司比较小，科技成分或者科研人员一项重大发明失败了，那可能对这个公司的打击是致命的，或者核心的首席创新人员带队走了，组建另一个团队去了，那这是打击也非常大的。所以我们不能简简单单用这种技术的东西去套用主板市场纯技术的东西，分析这个股票可买不可买，这些东西的风险还是很大的，**现在我们毕竟不是 T+0 制度，现在是 T+1，如果 T+0 看看技术还是可做的，毕竟 T+0 制度还没有突破，这块还是提醒大家注意。

主持人:创业板不适合短炒?

马方业:短炒有一定风险，但是对投资者来讲有一个改变的过程，就像我们对价值投资理念的理解有一个过程是一样的。一开始大家还是习惯性地用技术分析或者把如何炒新这些技巧拿来做借鉴，但是借鉴过程当中心里还应该有一把尺子，纯粹用技术分析隐藏有一定的陷阱。

主持人:解总觉得如果说我没有中签的话现在应该怎样做?

解学成:还需要观察，我相对比较保守，今天尽量不要介入，因为之前我有一个统计，如果首天接盘的话，后续半个月之内被套的概率超过 60%。我统计了一下，中小企业板公司的规模跟目前创业板差不多，业绩也相对不错，第二天基本是百分之七八十跟第一天的收盘价继续往下跌。第五天、第十天相对慢慢少一点，在 65%，低于第一天的首日价。只有 40%的可能能在后续半个月之内盈利，这就要求咱们怎么来找公司，怎么配合目前市场的热点来选择公司。

朱建中：炒作都是一样的，不太会有太大的反应。

解学成：**大部分公司首先涨得不错，第二天第三天往下调，可能有一些机构接手，这些机构相对看一些中长期。如果做短期的等不及，第五天、第十天还在跌，还没有起色，套住就走了就离开了。对于短炒来说还需要择时，需要再等一等，等的时间相对长一点。**

主持人：您认可刚才朱老师说的2:30吗？

解学成：今天尽量不要进，第五天、第十天再看一看，今天介入了要选准公司。40%的公司在后续几天涨，例如中小企业板的四联地产、奇正藏药，第二天第三天不断创出新高，如果今天接手了以后这几天非常舒服，但是这样的公司是小概率事件，咱们一定要研究哪种公司能走出这种图形。

风险偏好程度决定参与热情

主持人：朱老师我知道很多投资者是看您的博客选股的，您有什么建议？

朱建中：刚才马总和解总说的我非常赞同，他们二位从价值方面去挖掘股票。对于炒创业板的股民应该有两条路，创业板是新生的，高风险、高利润是它的重要体现，除了价值投资，价值投资可以从这里面去找出一个值得长期投资的。**如果短期是高风险高利润的话，一定要赌，但是要用价值投资的理念去赌而不是盲目去赌。从这里面去发掘高市盈率发行的。为什么反而要挑高市盈率的呢，我觉得这个市场就是这样，你市盈率不高就意味着别人不看好你，这和专业的会计准则是两回事。**炒作的资金要想按正规资金去炒作不太现实，他们很能分析市场的心态，反而是那种高市盈率的有很好的涨势空间。

刚才马总分析前几位很明显，行业很独特，拿华谊兄弟这个股票来说，将来这只股票可能有很大的长期投资价值，但是这只股票的风险也将是会最大的。为什么？刚才解总说了，这里面包括很多明星效应，如果这个明星他签约到别的地方去了，你又不能提前知道，那这就会对这个股票形成大的利空。这个行业会长期发展肯定是没问题的，但是要短期炒作这只股票，没有很好的信息披露，将会有很大的风险在里面。在波段操作的时候技术也不懂什么也不懂，将来做这只股票赚钱的可能性不是太大。

主持人：我不能认真研究它，得到第一手材料，就买高市盈率的股票？

朱建中：不能太高，靠前的，枪打出头鸟，不要太高，但是绝对不能买低市盈率的。

主持人：两位是否同意这种观点？

马方业：**其实好多周期性行业股票的投资，投资高手就是买在高市盈率卖在低市盈率，越是周期性的行业往往越是这样。**可能风险很高，我们这里面也有几家，像鼎汉都是 80 多倍 PE 的，它为什么这么高？在目前核准制发行制度下面，股票的供应确实是很多人去抢，物以稀为贵所以才这么高，这时候大家觉得风险很大。如果大家都觉得风险很大的时候，也许这个风险已经开始在慢慢化解了，或者说无限风光在险峰，已经玩到高境界了。所以你买的时候，我不是说现在就去买这只股票，只是打一个比方。大家都觉出风险的时候其实不是风险，你走了一条独特的路。**当 2009 年业绩一出来 10 年的预测业绩一出来感觉现在市盈率 80 倍，明天一下子 20 倍的时候，大家都去抢，你一下子把它卖掉，这是卖在低市盈率。**投资到了一定程度，到了老朱这种程度的时候大家可以再去把握。

主持人：解总是不是认可这种投资思路？买高。

解学成:我是属于比较谨慎的那种,我个人或者我周围的朋友做短线相对成功的比较少,因此我更倾向于从公司的基本面从行业来进入,避开高市盈率的公司,高市盈率公司有比较高的风险,如果没有高超的操作技巧还是避开它,没有长期的经验公司主营产品有竞争力,市场份额排名比较靠前的,毛利率和净利润相对比较高的公司作为中长期的投资。

主持人:刚才两位老师谈到对高市盈率的看法,许多人认为高市盈率意味着高收益和高机会,而您认为高市盈率意味着高风险,怎么判断两位老师对于高市盈率的认识?

解学成:分子都是一样的,分母过去一年的 ETS 是静态市盈率,相对动态市盈率我们预测市盈率 2009 年的 ETS 是分母,这样预测但是 10 年一般的软件或者做公司行业研究的都会观察,基于一段时间它的业绩、对应的市盈率还比较高的情况下,这时候风险就很大了。有些静态市盈率相对高,动态市盈率比较低,这样是非常可选的,未来有一个业绩支撑,ETS 增长比较快,这是可以选的。目前静态比较高,动态也比较高,怎么支撑目前的股价?从价值投资来看,目前市盈率比较高反映资金目前对公司所处阶段概念的认可,短期有市场的表现适当跟进一下也可以,这主要要取决于你的短线操作技巧。

主持人:建议高手来做?

朱建中:高风险高利润,用价值投资赌这个,最起码需要有这方面的基本知识和好的心态才行。

主持人:如果要炒高的话最好还是先掂量一下自己的技术水平,不要盲目炒高。

朱建中:找一个适合自己的。

技术面分析:要追就追领头羊

主持人:马总更多从后期的公司管理方面解读了一下上市企业,朱老师您更多研究技术方面,您是怎么看的?

朱建中:刚才解总说了吉峰农机和大禹节水这个事,马总提到吉峰农机的市场占有率很低,只有 0.4%,但居然排全国第一,从另外一方面来说市场很大。但我从另外一个角度考虑,他们上来之后,第一要表明国家的态度,高市盈率发行,目前把这个钱拿到手了,好多公司并不知道我上市的钱拿到手以后干什么去?好多人去买楼什么的,至少作为这些公司占有率又是第一,市场又很大,它是盲目扩张还是要怎么样?因为它有钱了。刚才解总说了,如果盲目扩张又会带来管理亚细亚式的风险。但是,一个没有什么科技附加值的公司为啥能第一批进创业板?这才是关键所在,还是要看好他们的前景和国家的扶持信号,要想真真正正做好一只股票,还要从它的基本面来进行考虑,剩下的做市盈率高的。现在从前五名来说,前四名都可以值得您去考虑一下。

主持人:您是从今天的涨幅上判断吗?

朱建中:我是从今天的资金从停牌到上升这个角度来考虑。

主持人:您觉得可以从现在的涨幅来判断下午的走势吗?

朱建中:那倒不是,至少资金追捧,这里面一定要结合还手,还要去考虑在开板之前深交所的情况,要求基金最好不要再首日卖掉,不要交易。如果我这只股票的换手率非常高,那你说谁在卖?我只能说是散户在卖。

马方业:创业板市场大概有九百万开户参与,昨天我看到有一个网络调查,大概 1/3 的人参与,这个数字其实很小的。今天大幅的上涨,红盘报喜的形势应该说是各方面管理层、交易所、媒体、市场，基本上应该说是迎接一个新生事物的开门红的喜洋洋的态势。这种态势包括刚才说的基金不要在首日抛售，因为它的盘子太小，而基金中签的并不是很多，但是它有一个示范效应，你一走它也走，是一种风向性的东西。这里面很多的股票有社保基金在参与，这其实也是来支持中国资本市场多层次建设的一个很好的举措，不见得有多少股票，但是是一种参与的态度。中国的创业板市场我们在欢呼它的同时要更加理性，越理性才能够把我们这个市场不像很多人预测来一个中石油似的，高开低走，走到边了只有跌没有涨，包括刚才解总说的今天这种涨幅，原来说上百元的股票多少现在开始出现了，红日、泰悦已经出来了。如果一开始就出来一百多的股票，可能有点欠，市场交易一段时间之后突然慢慢随着人气的张扬出来一个上百元的股票，这也是一种很好的气场。创业板出来以后气场比较好。

主持人：解总之前说过几大猜测会出现百元股，现在已经出现了百元股，解总点评一下怎么看。

解学成：现在已经出现两个百元股，首日涨幅截至目前涨幅还是比较靠后的，一个是红日药业，它的发行价是在60块钱，现在114块钱。另外一个是神州泰悦，发行价58块钱，现在是114块钱。涨幅比较靠后，一个原因主要是感觉定价比较高，目前好多人买股票主要买一二十块钱、三四十块钱的觉得上涨空间比较大。这之前一大猜想出现两只百元股，平均下来市盈率基本是整体超过一百倍，现在平均下来肯定超过一百倍，有1/4的公司被交易所临时停牌，下午再看一看临时停牌的会不会比较多。

监管层不允许基金打新股

主持人：您的猜想已经变成了现实，您刚才提到基金，您觉得基金会听话吗，会拿着不动吗？

马方业：这个监管已经管到很明细了，这个不敢乱来。

解学成：基金查的比较严，对头交易是不是允许卖掉？

朱建中：只是建议。

主持人：从券商的角度来说，散户对于创业板参与热情不是很高。

解学成：目前参与热情很高，28 家公司，即便开户 900 万户，400 万户对应 28 家公司这个数量已经非常高了，主板市场市值那么大多达 24 万亿，对应 1.6 亿股民，目前创业板市值估计三千亿左右，实际这个参与程度是可以的。

朱建中：现在的散户一听好像是钱少的代名词，其实现在散户钱很多的。

解学成：进入创业板属于资金量中等偏上的，即便在创业板开户时不动的那批人，害怕风险利润比较少，也看一看，观察一下。

主持人：参与度其实是很高的，都是有一定资金量的人参与，现在看着比较喜人，这会不会对股市造成不良的影响？

朱建中：创业板我是这么考虑的，创业板将来会有经常出现退市，否则就和中小板一样。从它的规模和中国的民间资本来说，应该不会成为大的问题，主要是心理的。**创业板全世界没有几家能成功的，但是我敢这么说，中国的创业板成功的概率应该在七成以上，要考虑中国文化的话，磨十年才有这么一个结果，如果要让它失败的话无法想像。**

中国股市是世界的创业板，创业板必须成功

主持人：我们从行情再回到大势上面来，暂时脱离具体行情，朱老师认

为创业板有七成以上的成功机率，而且比较有把握。两位老师是不是这样认为？因为之前很多创业板上市失败的先例。

解学成：中国的创业板肯定会成功，百分之百成功，并且具有后发优势。咱们研究一下目前创业板不成功的一些国家主要拿德国、日本和香港来说，香港已经被纳入不成功之列，我们再看看德国，德国主板市场的市值上市公司比较少，德国相对比较严谨，依赖银行来获得融资，银行主导型，这是德国。具体到日本也是这样，日本不成功更多是源于最近的经济不好，也是依赖于大企业集团来促进经济发展，而对小企业依赖比较少。而香港的情况更特殊，香港属于一国两制，区域比较小，它的上市资源主要来自内地，主板市场受到约束便不让发行股票加之，中国的创业板迟迟不推出来，中国的小企业去纳斯达克、去香港，现在咱们的创业板开开了，香港很快就会被边缘化，当然这不是我们期望看到的，想进一步增强香港金融中心的地位，但是影响确实是负面的。我们的创业板目前排队的公司如果把门槛适当降低一下，一千家、两千家都有可能，上市资源是有保证的。中国的经济增长相对比较快，各方面的领域刚刚处于开始，产业升级、技术创新，各方面都是刚刚开始。从上市公司当中已经可以看到，我们的经济面有保证，上市资源有保证，加强监管，改变资本市场只进不出的局面，通过退市来警示一些公司。这几方面我们都能做得到，都存在，所以没有理由不相信中国的创业板不成功。

朱建中：如果不成功的话，刚才解总说后面排队的很多就解决不了了，如果没有资金的话很难。

马方业：刚才解总说得很好，中国的创业板我也认为百分之百会成功，我很赞赏你的话。您刚才提出一个很重要的问题，创业板其实对整个大中华地区就是这么一个创业板，比如现在主板市场工行包括大的银行大的蓝筹一说多少多少，其实总市值一看是上来了，但其实从我们的股价来看三四块钱还不到一美金，我们的成长性还是没有很好地表现出来。从这个角度来讲，中国是这次金融危机率先复苏的国家，从我们四万亿投资开始，去年底

12 月份开始到现在率先复苏，从今天来看美国第三季度的 GDP 超出预好多，增长了 3.5%，外国人讲是一件里程碑的事，今天我们看也是里程碑的事，今天两个里程碑的事放到一块儿。中国的创业板企业这些后备资源刚才解总提得很好，比如中关村地区，它符合相关财务指标的企业就接近一千多家，深圳也有一千家。其实我们的后备资源很多，比起主板市场来讲，目前我们上市的首批 28 家企业是优中选优的企业。这些企业跟主板的要求其实只差那么一点点，垫垫脚尖就能够得着的这么一点点，这些企业具有很好的成长性、行业空间发展性。这些企业借助资本市场的助力杠杆作用迅速由一个小公司变成一个中型公司再变成一个大公司，我们最希望出现一个中国的微软、思科之类，但也不现实，至少要跟中小板企业、跟苏宁比一比，我们先成为中小板的苏宁几年之内几十倍的发展，先要变成这么一种企业。中国经济正处在世界级的引擎地位，在这种强大的经济背景下，中国经济复苏成长带动世界经济成长，世界经济成长对中国经济又是利好。**我们现在借助这些创业板公司的上市来促进中国内需市场的大发展，很多企业的内需如吉峰农机与金融危机没什么太大关系，那么就拉动中国广大的蓝海级别的市场，我们还有二元结构、城乡结构、城乡不同，这些公司一定意义上担负着中国的产业转型、就业增长，挣钱多了消费就扩大起来了，这都是一种正循环。如果我们的消费增长了，贸易摩擦小，GDP 是真正的绿色 GDP，那时候我们的整体市盈率就会降低，整体市盈率降低投资价值又会上升，这是一个相辅相成的关系。对中国的创业板市场来说，应该说相信它会百分之百成功。**

朱建中：这两位说百分之百，我为什么说七成以上？我是考虑包括这 28 家上市审批，有条件的批准了。有条件，我非常看中这个“有条件”。为什么叫“有条件”？因为还有一些方面做得不到位，哪些不到位？信息披露。信息披露应该放在第一位，如果信息披露都做不到，干脆就别上市了，但是这次有条件的让它上市了。如果要想创业板百分之百成功，不用别的，只要把监管里面的信息披露做到家就行，目前的监管还是延续了主板的监管，监管不行的话，那会打击好多人的积极性。比如信息披露不太好，我一分析这个占有率第一、市盈率也挺好，就得出了挺有投资价值的结论，我是从信息披露上考虑的。结果你是包装出来的，我怎么办？我是不是可以起诉你？如果这种纷争一旦多起来的话，创业板将来还有人去理你吗？这里面要说百分之百，从大概率来说成功概率非常大，中国的股票市场是世界上最安全的。马总包括一些专业人士也知道，5.30 用了三个月时间告诉你股市有风险教育股民，但是你不听。后来，到了 5.30 之后在九、十月份我又教育你基金注意风险，你还是不听。但这种调整，如果在欧美一般主流报纸是不会跟你说这些的，冲这一点来说中国的股票市场是最安全的。假如这个创业板将来监管、信息披露这些问题解决不了，没有符合这种高风险高利润的监管，那将来失败的家数一多可能会影响股民的积极性。再发行的时候，恐怕不会高市盈率发行，那你的钱可能融资的就少了。还是给它一定的时间，摸着石头过河，尚主席说的新兴加转轨，允许有一定时间的磨合。有七成的把握，这七成的把握是国家体制决定的，创业板成功率比别的国家要高。

未来肯定有创业板公司退市

主持人：创业板毕竟是一个高收益同时伴随着高风险的体制，高风险终究要体现出来，解总猜想当中也有一个退市风险。目前高风险大家比较担心的是监管方面、信息披露方面以及对公司本身质量方面。在监管方面我们最需要加强的是哪些？或者说我们判断一下如果有退市的可能，三位老师觉得最可能退市的是哪种企业？像吉峰农机这样的？

解学成：这样打击面太大，不能太具体。

主持人：从判断风险的角度来教育投资者，应该关注企业的哪些方面？像华谊，它的市盈率已经是超高 200 多的市盈率，它的增长主要集中在明星、大导演方面，过于集中过于依赖于某些因素成长，是不是风险是最大的?

朱建中：我不这么认为，华谊兄弟更应该看到这种文化产业的发展前景，另外看看国家对于文化产业的扶持态度。最不可能退市的就是华谊兄弟,但是有些退市的还是要从它的管理层面去考虑。我挺看好平安,为什么?因为从作盘的角度来说因为散户都恨它，都把08年的下跌归罪到它身上，其实和人家有什么关系呢。对于创业板也要从这方面去考虑,因为平安是一个综合性的保险公司,成长性很好。现在对于创业板而言也要从它的成长性考虑,我是从这方面考虑的。要说现在具体到某些因素,我要是管理层28家肯定让它退市,但选谁不知道。

首日收盘价不能正确表达新股价值

主持人:解总提供新的思路,如果看创业板企业要找一下对应的提供业务的或者上游的主板企业或者中小板企业。朱老师接触的散户比较多,创业板企业波动比较大之后进入调整期会不会对投资者心态有比较不好的影响?现在大家提到的A股也是比较脆弱的市场。

朱建中:从对股票的认识角度来讲,从操盘的角度来讲,可能波动大的股票反而更适合高风险高利润的那部分人去进行炒作，但是中小板的走势能不能影响主板?刚开始肯定相互影响,我估计半个月以后就像解总说的主板影响创业板。开头有几个交易日互相影响,很可能创业板对于主板的影响大于主板对于创业板的影响。28家创业板公司数量很少,但是从轰动效应来说很大,铺天盖地都在谈创业板,影响操作的心态。

主持人：平时在网上调查和对投资者接触当中大家对于创业板有一个担忧,而且很多投资者看这个创业板走势虽然不参与,创业板之前已经发酵很大,是今年中国证券市场最大的事情。创业板的走势,如果进入调整行情不好的话,会不会一下子把主板带下去。朱老师的意见是不会,解总的意见也是不会。

解学成:假如创业板公司在目前的基础上,之后续几天还连续往上涨对于主板是什么影响?我觉得这个实际是不健康的。目前高市盈率下整体再往上涨,有泡沫或者泡沫不大,让泡沫大起来始终要破灭的,始终要回归理性、回归价值,那样整体下跌对主板有一个负面作用。

马方业:没必要太过于担心,本身这种上涨,今天上涨这么快,尤其到现在这个时间段应该说200%的已经好几家了,差不多有四家。在这种情况下,对明天的走势肯定会有一种消化的,不可能这么涨。**正常来讲,一个新股上市以后它的定位怎么样,它肯定不是第一天说了算的,要经过一段时间,比如刚才解总说定义到五天,甚至可以拉到更长一点到一个月。**上市以后马上面临着四季报、三季报这些影响,所以股价的涨跌明天就可能发生分化,从纯炒作的角度来讲明天也可能分化,有些股票明天可能出现跌停。第一天的涨幅已经很大了,这几天肯定得在市场进行重新定位。在一级发行市场上这种定位在目前制度下面的股票太少,所以价格很高,到了二级市场参与人数更加广泛,第一批参与的人如果不太看好或者觉得差不多要撤退,还有多少人要进来,这个时候又有二级市场上的冲击。二级市场重新定位更多依赖于自己公司真正的成长性基本面这一块的情况,如果这块很好,也许会涨得更大,高市盈率更高,有了高市盈率有更高的市盈率,相反就借着这个机会先溜了。

创业板上的28家公司对于主板市场的影响应该说今天肯定影响很大,这种效应会递减,本身这些公司还是一个子行业或者分行业的小龙头,对于主板市场的影响不是很大。如果说有,比如跟中小板之间有人做一种投机性炒作,我觉得是有可能的。你为什么那么高?创业板公司高我中小板也应该高,那是有一种投机性的机会存在,投机交易性的机会存在。

首日涨幅过猛，非理性情绪蔓延

解学成：目前所有的公司涨幅都超过一倍，刚开始开盘的时候平均涨幅70%-80%，目前已经超过一倍。从上午的情况来看，相对涨幅有点高。

马方业：后面有一点发力量，发力有点猛。

主持人：怎么看待这个发力的过程，普遍都拉到100%以上，最高换手率到了70%，现在还有几分钟收市。

马方业：换手率太高也不好。

朱建中：换手率75%以上参与性不大，第二天可能有一些跌停，这是很有可能的。找一个它的定位，将来机会在哪儿？它很独特，主板找不着，对于这个东西一般散户是不敢参与的，因为在散户里面他自己想参加也有一个一杆秤，和主板的某些企业比较一下，如果没有的话就不敢动。机会产生在那些行业独特的主板没有的。

主持人：马总怎么看现在的情况，涨幅全都在100%以上，而且现在换手率也很高了。

马方业：还是出现一定的非理性。

朱建中：说明几道金牌都没有很好去解决这个问题，和主板前几天的下跌也有关系，如果主板很好的话人家没有必要冒那么大的风险去干这个事。

主持人：非理性这三个字解总您认可吗？

解学成：我认可，创业板这部分的股份数比较少，也给他们提供了方便。目前有的公司被交易所临时停牌三次、两次多的是，有点过，对于中小投资来说应适当规避一下。

主持人：如果我是一个中签者，您给我的建议是卖出？

马方业：现在肯定是卖出。卖出以后等待机会，先变现再观察。

朱建中：今天从主板上来看农业股涨得相对来说非常猛，主板600037歌华有线也涨了，有一个相互促进。

马方业：传媒是因为华谊兄弟在这儿，吉峰、大禹都在这儿。

主持人：今天主板创业板涨幅非常好，这种配合会继续下去吗？

朱建中：如果主板今天收一条大阳线，下周一、二出现调整也是有可能的。

主持人：这种板块对板块，个股对个股的配合会延续下去吗？

马方业：会有影响的，有差就动，跟空气一样，有了差肯定动起来。

朱建中：将来主板稍微可能比现在更好炒一点，管理层对于创业板主要的想法是要加强监管，加强信息披露。在主板得不到信息平等的基础上，主板可能会在创业板上监管不是很好，但信息披露相对好，我从你这儿得到消息类比到我的主板去找相应的股票，那么我就可能会提前，也是一个好事。这也是交易性机会出现，规避风险早一点规避。

解学成：创业板和主板跟很多行业是相近的，这边涨会带动那边。

朱建中：最后逐渐把A股资本市场的监管形成一种良性的。

主持人：风险是不是也是联动的？

朱建中：如果有相类似的公司应该是会。

解学成：在这之前有一个过程，创业板的公司相对调整到一定的点位，达到跟主板合理的价格水平，在那之后联动效应便会更强，现在非理性成分比较大,创业板非理性,把这部分挤掉之后,和主板的联动效应更明显。之前我有三个预测,超过一百块钱的有两只,整体市盈率超过 100 倍,被停板的公司 25%,现在被停板的公司超过 25%,有的被停过两三次。

主持人:解总的三个预测都实现了,看看 5-10 天的预测会不会实现。

解学成:5-10 天是基于中小企业的规律来看, 我相信主板也会这样的,大部分 5-10 天内是跌的,有一部分公司是不断往上涨的,但还是比较少。从这个角度来说要适当注意一下目前介入创业板公司的风险。

总结:创业板首日牛气冲天,当心冲高回落

主持人:现在时间已经临近停盘,请三位老师对于今天上午的走势还有排名前几家的公司做一个总结。

解学成:今天创业板公司首日涨幅,上午涨幅超过预期,确实牛气冲天,下午可能继续牛气冲天,但要继续注意风险。

马方业:今天还有一件比较喜庆的事,见证中国资本市场多层次、资本市场创业板这部分的建立,对于我们几位来讲是非常幸运的一件事情,我们见证了这个历史性的时刻。就股价的表现来看,其实今天的市盈率到结束的时候很多了, 表现出一定的非理性成分。这个时候如果要参与创业板的企业,我觉得还是要谨慎一些。

朱建中:今天我和两位的观点有稍许的不同,虽然在 100%以上的涨幅,但是离市场预期的创业板那种爆炒还是稍微显得有点理性。但若要说非理性,整体都在一倍以上,因为本身发行市盈率很高。从这一点来说,监管层之前的工作还是起到了很好的效果。

另外,比如像今天始终在前三位呆着的安科,这个股票我估计多半是因

为世行说了地球将有 80%的人会感染甲流,和这个有关。探路者我是很欣赏的,人挣钱富裕之后就想着去放松自己的身心,对于它来说行业很独特,追捧的人也会多。现在整体的换手率大部分在 70%以上，少许的也是靠近 70%。午后的换手率不会增加太大,该不走的也不走了,股价再往上集中的可能性不是太大。

主持人:您现在还坚持 2:30 吗?

朱建中:还坚持 2:30,但是不一定去买它了,要是我的话不敢了。在我的纪律里面超过 70%的就不要了,超过 70%的都换手了谁留在里面是个问题。从坐庄的角度来讲,这个筹码太复杂。

马方业:这么高的话,下午很多股票容易在收市的时候产生一定风险,这种风险就是一头扎下来。

主持人:调整从今天下午开始?

马方业:不是这个意思,有些股票换手率奇高的股票,没准在尾市时也许会降下来。

朱建中:有的还会带动明天的风险,很有可能是这样的,因为换手率太高了。

主持人:首先祝贺创业板上市,这是一个里程碑式的时刻。现在存在一些非理性的因素,至少非理性因素和理性因素在 2:1 的时候,提醒大家这时候需要采取一种谨慎参与的态度。非常感谢大家参与搜狐证券的这次访谈直播,也非常感谢三位老师来到直播现场,这次直播到此结束,也祝大家下午继续有一个好的行情。谢谢!

附录3 股市不是生活的全部

寄语高考的女儿

吾家有女初长成。

曾几何时，那些留下你欢声笑语的日子似乎还在眼前，那些由美丽童话编织的世界好像并没走远。转眼间，女儿，你也要面对高考了，也站到了人生的十字路口，作为父亲的我是怀着一颗等待与期待的心，看着你长大的，人生的方向，该怎么寻找，始终成了一道难解的题。

想起有首诗云："寻梦？撑一支长篙，向青草更青处漫溯；满载一船星辉，在星辉斑斓里放歌。"女儿，此时我很想对你说，有梦就勇敢地去追！有朋友问我对你的期望，我答，只要你身体好，以后做一个有益于社会的人就行。并非我对你不抱希望，而是唯愿你活得健康、快乐！

而生活中的你更是一个善良又单纯的女孩。我相信你会明白一个道理的：有时候，一个人，必须经过最痛楚的密荫，才能到达繁花似锦。人生的过程需要你不放弃，不言败。女儿，人的一生会有许多大大小小的考验，是无法逃避的，需要你认真尽力地去面对，不管是考大学，还是做任何事，都是在考验和证明一个人毫无畏惧的胸襟。知女莫若父，我愿意以自己的人生阅历来和你交流，如朋友般探讨生命的意义，在你前行的路上默默地关注着你。

虽然我也是芸芸众生中的一分子，但毕竟多读了一些书，多体悟到一些人生的真谛，这些对于女儿你来说，应该值得借鉴。"如果人生真有意义与价值的话，其意义与价值就在于对人类发展的承上启下、承前启后的责任感。"这是季羡林老先生谈人生时的感慨。

女儿,人生的意义和价值终归需要你自己去体悟与发现!

记得曾看过一段话:每个人都是一本书,父母是我们的出版社,生日是我们的出版时间,身份证是我们的书号。老人是史书,军人是兵书,僧人是经书,多胞胎是丛书,离退休的是闲书,良朋诤友是参考书,那些以刺青、文身、彩绘为时髦的年轻男女是图画书。如果你身高体胖,那是大开本;如果你小巧玲珑,那是袖珍本……每个人都是一本书,让坏人成为禁书,让好人成为畅销书。让我们用心研墨写好自己,因为我们的印数只有一册,因此每个人都是绝无仅有的孤本珍籍。

亲爱的女儿,你长大了,我想告诉你,你是我手心里的宝,无论你欢乐还是悲伤,记得你不会孤单,我会是你坚强的后盾,你任何时候回头,我都在你身后,会看着你,会支持你。高考只是你生命过程中的一道风景,我相信聪慧的你定会从容面对。有人说,上帝阅读着尘世的每一个人,他把每个人都当成一本书。你只有把自己的书写得精彩了,才能得到他的眷顾。

……还有爱,在很多很多的"爱"之外,我等待着我的女儿在某一个春天般美好的刹那,会懂得花开的惊喜与花落的悲悯。珍惜属于你的美丽青春,让自己的心灵轻盈起来,让自己的梦想充实起来,撑一支寻梦的长篙,满载一船的星辉,让梦想成真!

一个人的时光

我问佛:世间为何有那么多遗憾?

佛曰:这是一个婆娑世界,婆娑既遗憾,又没有遗憾,给你再多幸福也不会体会到快乐。

一个人，在寂静之中，感受着佛语，一点点，一段段，光阴细化成心底那无尽的惆怅。想必，人生因着遗憾，才会圆满吧?!

记得大二那年，突然被全班同学孤立起来，性格内向又好强的我，默默地忍受着，甘于独来独往，从没想过如何去化解这种情境，直至大学毕业前夕，才解开纠结在心底的谜团，原来是一次考试，而那次考试许多同学不及格，没想到这倒成了我被人疏远的理由……

也就是那时，多数的时光，我沉迷进诗的天地："如果有来生，要做一棵树，站成永恒，没有悲欢的姿势，一半在尘土里安详，一半在风景里飞扬；一半洒落阴凉，一半沐浴阳光。非常沉默，非常骄傲，从不依靠从不寻找。"读着美丽的诗句，内心的孤独与压抑，仿佛找到了一个出口，不仅喜欢诗的意境，一颗心也清明了，要做一棵树，这个念头从此在心底扎了根。

后来，历经了生命里的一些沉沉浮浮，一些无法回避的沧桑，就这样扑向了我，无所依附的漂泊感，让我企盼安宁。内心深处有一种想寻求生命坐标的欲望。

想起自己，也曾侠骨，也曾柔肠，风里走，雨里行，颠簸与挣扎，所有的这一切，都因着一种信念，要像树一般，将伟岸的身躯伸向天空，将深沉的根须融进泥土，活得骄傲又坦然。

亦想起，英国诗人兰德的诗："我和谁也不争，和谁争我都不屑；我爱大自然，其次就是艺术；我双手烤着，生命之火取暖……"一份豁达与洒脱，将人生推向了极致，生命之火，可以容我们的双手烤着取暖，这样的人生信仰，能够深入的唯有我们的灵魂。

人世迢迢，一切皆在变，爱与不爱，幸福与不幸福，生活注定了有起伏，而我们能把握的东西，其实并不多。

很想今世自己就是一棵树，而不是来生，一半在尘土，一半在尘世的风景里,特立独行,我和谁都不争,我就是我,非常沉默,非常骄傲。

沉默的爱

都说,父爱如山。像天下每一位父亲一样,我的父亲,有着深切的目光,一直陪伴在我人生的路上。父亲,您说过的一句又一句朴实的话语,想起来都如黑夜的灯盏,照亮我前行。

当我在纷乱的现实中迷惑无助时,您就在我身边,如日升月落。让我的心,在如水的岁月里,始终如湖泊般清澈。

您从未说出口的爱,是蕴藏于煤里的火焰,是奔腾于大地的河流,给我的是温暖和源远流长的力量。

儿时,我脚步蹒跚地走出家门,一双好奇的眼睛向四周打探,世界那么大,那时,您常对母亲说的一句话就是:男孩子野一点的好,让他闯去。

记得,在乡下读完小学的我,被接来北京,终于一家人可以团聚了。父亲,我知道您的喜悦,您生怕我的功课会比城里的孩子差,生怕我在学校里自卑,您知道我最怵数学,您总是非常耐心地辅导我、鼓励我,没想到,日后数学成为我最拿手的好戏,父亲,这是我们共同的骄傲。

曾经,我的命运一度陷入低谷,如贫瘠沙漠中一棵干渴的仙人掌,渴望着水的滋润,父亲,是您握住我的手,让我相信自己,让我有信心坚守心中的信念,有机会东山再起。

如今,父亲,您渐渐地老了,银丝多了,添了一根又一根,岁月的痕迹也写满了额头。而您爽朗的笑声依旧,是永远不变的熟悉和亲切。母亲不止一次地念叨您人前夸我的话:这孩子还行……

父亲,您的话于我,是动力,引领我向前追寻自己的目标。我明白,哪怕我一点点的进步，对您也是最好的慰藉。

想想，我的生命从荒芜到葱茏，从马不停蹄的悲伤到马不停蹄的奋进，每一步，父亲您都看在眼里，留在心中，“细雨湿衣看不见，闲花落地听无声”，这就是您如海般深、如山般重的缄默无声的父爱。

谢谢您，父亲！今生，我们有缘做父子，来生，我还做您的儿子，只是在很小很小的时候，我就会更加的努力。

父亲节到了，祝愿我的父亲、天下所有的父亲，都身体安康、万事如意！

人生不过如此

行走在萧瑟的风中，落叶纷纷，树梢上繁华不再，只在瞬间便变换了季节，弥漫心间的凄美幻化成一种透彻的顿悟：人生不过如此。

想起俞平伯的：“生于自然里，死于自然里，咱们的生活，咱们的心情，永远是平静的……生命至脆也，吾身至小也，人世至艰也，宇宙至大也，区区的挣扎，明知是沧海的微沤，然而何必不自爱，又岂可不自爱呢。”人到中年的心境大抵如此吧。

年少时，眼中的世界是远方漫漫长路；青年时，身外的世界是辽阔海洋；中年时，满眼满心里不再有憧憬，世界变成了平淡的某一点，遂坦然承接，无论是阳光，还是风雨……

佛说，无生无死，无苦无悲，无欲无求，是个忘记一切悲苦的极乐世界。无论我们怎样活着，以怎样的姿态行走尘世，只要我们还有勇气对苍天犹然一笑，这个世界便会有一个角落适合停泊我们的心。

人生不过如此。很喜欢这样的境界，是看破，却不消极；是放下，却不悲哀。偶尔写一些闲文，不过聊寄闲情罢了，生怕有人对号入座，望文生义，徒添隔膜之感。不能不说是遗憾，唯有不安；不得不说是无奈，唯有沉默。

什么可以说，什么不可说？老子的《五千言》也未必当自己为知者，所以，我写，只因有话要说。而，你在看，且一笑而过吧。

今生不是信佛的人，却愿给自己的灵魂找一个栖息的地方，笑着、流泪；哭着、吟诵；爱着、纯净；活着、坦然。人生，仅此而已。